本书为教育部人文社会科学研究青年基金项目“基于西方媒体涉华新闻语料库的中国政治话语翻译与传播研究”(项目编号：20YJC740086）成果

洞见大国：

『中国关键词』翻译与海外传播

余晋　著

Insights into China:

Translation and Overseas Dissemination of “Chinese Keywords”

WUHAN UNIVERSITY PRESS
武汉大学出版社

图书在版编目(CIP)数据

洞见大国:"中国关键词"翻译与海外传播/余晋著.—武汉:武汉大学出版社,2024.3(2025.9 重印)

ISBN 978-7-307-24322-4

Ⅰ.洞…　Ⅱ.余…　Ⅲ.翻译事业—研究—中国　Ⅳ.H059

中国国家版本馆 CIP 数据核字(2024)第 052892 号

责任编辑:罗晓华　　责任校对:汪欣怡　　版式设计:马　佳

出版发行:**武汉大学出版社**　(430072　武昌　珞珈山)

(电子邮箱:cbs22@ whu.edu.cn　网址:www.wdp. com.cn)

印刷:武汉邮科印务有限公司

开本:720×1000　1/16　印张:12　字数:171 千字　插页:1

版次:2024 年 3 月第 1 版　2025 年 9 月第 2 次印刷

ISBN 978-7-307-24322-4　定价:68.00 元

本书为教育部人文社会科学研究青年基金项目“基于西方媒体涉华新闻语料库的中国政治话语翻译与传播研究”(项目编号：20YJC740086）成果

洞见大国：

『中国关键词』翻译与海外传播

余晋　著

Insights into China:

Translation and Overseas Dissemination of “Chinese Keywords”

WUHAN UNIVERSITY PRESS
武汉大学出版社

图书在版编目(CIP)数据

洞见大国:“中国关键词”翻译与海外传播/余晋著.—武汉:武汉大学出版社,2024.3(2025.9 重印)
ISBN 978-7-307-24322-4

Ⅰ.洞… Ⅱ.余… Ⅲ.翻译事业—研究—中国 Ⅳ.H059

中国国家版本馆 CIP 数据核字(2024)第 052892 号

责任编辑:罗晓华　　责任校对:汪欣怡　　版式设计:马　佳

出版发行:**武汉大学出版社**　(430072　武昌　珞珈山)
(电子邮箱:cbs22@ whu.edu.cn　网址:www.wdp. com.cn)
印刷:武汉邮科印务有限公司
开本:720×1000　1/16　印张:12　字数:171 千字　插页:1
版次:2024 年 3 月第 1 版　　2025 年 9 月第 2 次印刷
ISBN 978-7-307-24322-4　　定价:68.00 元

前　言

中国，作为一个崛起中的大国，在国际舞台上扮演着越来越重要的角色。中国的政治话语不仅影响着国内的决策和社会进程，对全球议程和国际关系也有着一定的影响。然而，中国政治话语的翻译与海外传播面临着一系列的挑战和难题。在这个信息爆炸的时代，准确而生动地传递中国故事，讲好中国故事，成为了至关重要的任务。正是在这一背景下，《洞见大国："中国关键词"翻译与海外传播》应运而生。

本书依据批评话语分析理论，通过语料库方法，利用自建西方媒体涉华报道语料库，探讨"中国关键词"中的核心政治术语英译在英、美、印等国的传播与接受特征，并探讨政治术语或外交术语翻译与意识形态之间的互动关系，以及其中体现的国家形象。

本书分为十章。在第一章中，我们将追溯中国政治话语翻译与传播研究的起源，帮助读者了解该领域的发展历程和背景。第二章概述了中国政治话语翻译与传播的意义和面临的挑战，强调了文化差异、语言障碍、政治偏见和全球媒体格局等方面的重要性。第三章则对中国政治话语翻译与传播研究的现状与问题进行了探讨，并介绍了基于语料库的"中国关键词"平台在政治术语翻译与传播方面的重要意义。接下来的第四章至第九章，我们将进行一系列的个案分析。基于自建语料库，针对六个"中国关键词"，即"人类命运共同体""共同富裕""小康社会""海上丝绸之路""中国制造 2025"和"上海合作组织"，我们将深入探讨其政治意义、翻译问题以及在西方国家的传播效果。通过这些个案研究，使读者更深入地了解这些关键词在国际舞台上的影响力和传播效果。第十章对中国政治话语翻译与传播研究未来的前景与研究方向进行了展望。随着中国的崛起和全球化的推进，中国政治话语的翻译与海外传播将继续面临新的挑战和机遇。希望本书可以为研究者和从事国际事务的人士提供参考和启示，推动中国政治话语的翻译与传播研究取得更深入的发展。

本书通过深入研究和分析中国政治话语的翻译策略和传播方式，研究如何致力于更深入、更准确地传递中国的声音和思想，使世界更好地理解中国、认识中国。通过讲好中国故事，我们可以促进跨文化交流、增进国家间的理解与合作，构建一个和谐、共同发展的世界。在这个全球化的时代，中国的政治话语翻译与海外传播不仅仅关乎中国自身的利益，也关乎世界的和平与繁荣。

本书不仅是对中国政治话语的翻译与传播进行全面分析的研究成果，更是对翻译与传播学科的探索与贡献。本研究以西方媒体涉华报道语料库为基础，结合批评话语分析、语料库翻译学、跨文化传播等理论，对中国关键词中的核心政治术语的翻译和传播进行深入剖析，探讨政治术语或外交术语翻译与意识形态之间的互动关系，并剖析其中所体现的国家形象。同时，本研究为翻译与传播学科提供了一个基于语料库的研究范本，探索了翻译与传播学科和计算机科学的跨学科融合之路。相信本研究成果不仅会为学术界提供新的研究视角和思路，也会为翻译与传播的实践工作提供有益的参考。

本书是作者与其团队通力合作的结晶。作者承担了全书的撰写、统稿和校对任务。同时，作者指导的研究生殷子琪、谭雨旋、李旭、袁洁、周潇潇和彭亚莱参与了本书中语料的收集、统计和分析。在此向这些学生们表达最崇高的敬意。正是由于他们的精诚合作，本书才得以完成并顺利出版。最后，衷心感谢我的家人，他们一直以来默默支持我、理解我，并承担了大量的家务，给予我更多的时间和空间。他们的无私奉献使我得以专注于研究工作，无后顾之忧地进行深入的探索和写作。

我相信，《洞见大国："中国关键词"翻译与海外传播》这本专著将为读者提供全面而深入的视角，帮助他们更好地理解中国政治话语的翻译与传播现状、问题与挑战。通过本书，我们将共同探索如何有效地传递中国的政策意图，促进中外政策对话和理解，构建一个更加开放、包容的全球社会。让我们一同开启这场关于中国政治话语的深度洞察之旅！

余　晋

2023 年 12 月于武汉

目　　录

第一章

绪　论

第一节　引　言

语料库翻译学是指采用语料库方法，在观察大量翻译事实或翻译现象并进行相关数据统计的基础上，系统分析翻译本质和翻译过程的研究(胡开宝，2018)。学界认为，语料库翻译学的起源可以追溯到1993年曼彻斯特大学的Mona Baker教授发表的论文"Corpus Linguistics and Translation Studies：Implication and Application"。该论文详细阐述了语料库在翻译研究中的理论价值、实际意义以及具体路径，为语料库翻译学的发展奠定了基础，是语料库翻译学的滥觞之作。之后，Mona Baker教授和她的团队——曼彻斯特大学翻译与跨文化研究中心，开始建设世界上第一个翻译英语语料库(TEC)，并由此开启了语料库翻译学的一个新的篇章。

近30年来，语料库翻译学研究得到了迅速的发展，各国高校、机构及学者纷纷建立了许多翻译语料库和平行语料库，如翻译英语语料库、欧洲议会口译语料库、通用汉英语料库、汉英会议口译语料库等。众多国内外学者相继发表、出版了相关论著(Baker，2000；Laviosa，1996，1998，2002；Olohan，2000，2001，2003；Bowker，2001；胡开宝、朱一凡，2008；胡开宝、张晨夏，2019，胡开宝、韩洋，2020)，展开了对翻译语言特征、翻译共性、译者风格、翻译过程、翻译质量评估、翻译实践等方面的研究。

自20世纪50年代以来，随着译学研究的不断深入，描写性译学研究得以诞生。一直以来，传统的翻译研究方法主要集中在规范性翻译学上，即探讨翻译应该怎么做才是最好的，以及如何指导和评价翻译作品。然而，随着翻译实践和研究的发展，人们逐渐认识到翻译现象是一个复杂而多样的过程，不能简单地用规范性的标准来评价和指导。因此，描写性翻译学作为一种新的研究方法应运而生，它强调对翻译作品的客观、全面、系统的描述和分析，以揭示翻译现象的规律和趋势，为翻译实践和翻译研究提供更丰富、更准确的参考和指导。描写性翻译学的出现标志着翻译研究领域的一个重要转折点，从单一的规范性研究方法向多元、开放、包容的研究方法转变，促进了翻译学科的不断发展和完善。

随着描写性译学研究的不断发展，人们对翻译与意识形态之间的相互关系越来越感兴趣。近年来，中国许多学者开始运用批评话语分析理论和研究方法，利用语料库技术手段，聚焦于从微观层面揭示翻译文本特征及在翻译过程中涉及的意识形态问题，逐渐形成了一门利用语料库方法来分析翻译中意识形态问题的研究领域，即语料库批评译学研究（胡开宝，2018）。

语料库批评译学研究是描述性译学研究框架下的一个分支，采用基于语料库的方法，即通过对翻译文本特征的统计分析，来探究翻译与意识形态之间的关系（Hu，2018）。自20世纪70年代以来，翻译与意识形态之间的相互作用引起越来越多的关注。20世纪70年代的文化转向使得后殖民主义研究、女性主义研究和社会学等理论开始被应用到翻译研究中，试图揭示翻译与各种社会制度或系统之间的关系，如殖民主义、性别、政治和权力。在这些关系中，意识形态扮演了关键角色。近年来，通过语料库和批评话语分析的原则和方法，人们研究翻译文本特征和翻译过程中涉及的意识形态因素。这些研究促成了语料库批评译学研究的诞生和发展。

语料库批评译学研究对语料库翻译研究具有如下重要意义：(1)提供了翻译文本的客观分析方法。语料库批评译学研究采用基于语料库的方法，可以避免主观因素对研究结果的影响。这为研究者提供了一种客观的分析方法，可以帮助他们更准确地了解翻译文本的特征和规律。(2)帮助研究者发现翻译中的意识形态。语料库批评译学研究旨在探究翻译与意识形态之间的关系。通过对翻译文本的特征分析，研究者可以发现翻译中存在的意识形态，包括文化、政治、社会等方面的意识形态。(3)增进翻译研究的深度和广度。语料库批评译学研究采用基于语料库的方法，可以处理大规模的翻译文本，这使得研究者可以在更广泛的语言和文化背景下进行研究。同时，研究者可以对比分析不同语言、文化之间的翻译现象，从而进一步增进翻译研究的深度和广度。因此，批评译学研究和语料库翻译研究的结合扩大了前者的范围，使后者的重点从语言转向文化。

近年来，关于翻译中的意识形态的研究确实有很多，但是涉及我国政治话语英译的传播和接受的研究却不多见。本研究依据批评话语分析理论，通过语料库方法，利用自建西方媒体涉华报道语料库，探讨我国核心政治术语英译在英、美、印等国的传播与接受特征，并探讨政治术语或外交术语翻译与意识形态之间的互动关系，以及其中体现的国家形象。本章拟简要介绍本研究的理论基础和研究背景。

第二节 批评译学研究的定义与起源

批评译学研究是翻译研究的一个分支，在描写性译学的框架下，主要研究翻译与意识形态之间的关系。该领域以批评语言学和批评话语分析为框架，分析翻译文本的特点、翻译策略和方法的使用。Laviosa(2004)指出，批评译学研究起源于描写性译学框架下对翻译中的意识形态的研究。批评译学研究旨在研究广义上的意识形态，即特定社会的“社会共享的、普遍的信仰”(van Dijk，1998：32)以及规范、习俗、价值观等。在这一点上，它不同于关注权利和性别等狭义意识形态因素的后殖民主义、女权主义或社会学的翻译方法(Hu & Li，2018)。

批评译学研究在本质上是批评话语分析和描写性译学的融合，通过对文本中的语言特征分析，试图揭示语言、权力和支撑它们的意识形态之间的关系，以及统治阶级如何利用语言实施意识形态控制，维护自己的权力和社会地位。批评话语分析早在1979年就由Fowler提出，是语言学的一种研究方法。随着Fairclough的*Language and Power*(1989)和Wodak的*Language*, *Power and Ideology*(1998)的出版，批评话语分析作为一门研究话语意义及其产生方式、语言形式及其承载的意义和机制的学科最终确立。批评话语分析是一种对社会和政治话语进行批判性分析的方法，旨在揭示这些话语的权力结构和隐含意义。这种分析方法主要包括以下几个方面：(1)话语的结构分析。分析话语中的语言结构、语义、句法和语用等要素，揭示话语的表面含义和隐含意义，探究话语中存在的权力关系和权力斗争。(2)话语的历史分析。分析话语的历史背景和社会文化背景，探究话语产生的历史条件和社会背景，从而揭示话语中的历史文化意义和社会政治意义。(3)话语的意识形态分析。分析话语中的意识形态和意识形态斗争，揭示话语所代表的意识形态和其背后的意识形态关系，探究话语对社会文化和政治生活的影响。(4)话语的符号学分析。分析话语中的符号、象征和隐喻等，探究话语中符号和象征的文化含义和政治意义，从而揭示话语中的符号学结构和符号学斗争（Fowler，1981）。

批评话语分析既强调话语或话语实践与权力、意识形态的自然联系，又基于对话语特征的分析阐明话语与意识形态的关系。具体地说，批评话语分析以分类系统、及物系统、情态系统和转换系统为切入口，对话语中隐含的意识形态意义进行分析。批评话语分析所采用的话语分析方法常用于对译文的分析，以揭示译文所蕴含的意识形态意义。从这个意义上说，批评话语分析不仅加强了批评译学的理论基础，而且为批评译学研究提供了有效的研究方法和途径。

描写性译学研究的起源可以追溯到 20 世纪 50 年代。1953 年，Mc Farlane（1953）发表了一篇名为"Modes of Translation"的论文，在论文中，他提出译文不一定忠实于原文，翻译的本质应该根据翻译中的实际情况来分析。后来，1972 年，Holmes（1972）在题为"The Name and Nature of Translation Studies"的论文中首次提出了描写性译学的概念。随后，Snell-Hornby（1988）、Toury（1995）、Hermans（1999）和 Bassnett（1980/2004）等学者的著作推动了描写性译学研究的发展。描写性译学研究强调，翻译文本作为一种独特的文化事实，在目标语言的文化体系中发挥着重要作用。翻译不是在真空中进行的语言转换活动，而是在特定的社会和政治背景下进行的，因此它是一种受语言和文化规范、诗学传统和意识形态制约的社会和文化现象。翻译不仅反映了社会和意识形态的制约，而且反作用于社会与意识形态。为此，翻译研究应结合翻译的具体现象或分析原文的社会文化背景，包括翻译活动的意识形态制约因素。应该指出的是，描写性译学研究推翻了传统的观点，即翻译只是一种语际转换，将人们从翻译文本与原文之间对应关系的束缚中解放出来，并关注翻译与意识形态之间的关系。

描写性译学研究对于批评译学有着以下重大的意义：

（1）为其提供具体案例。描写性译学通过对实际翻译实践的描述和分析，提供了大量的具体案例，可以为批评译学研究提供实证基础和理论支持，丰富批评译学研究的实证材料和案例。

(2)揭示翻译策略和规律。描写性译学研究揭示了翻译过程中的规律和策略，可以为批评译学研究提供重要的参考，帮助研究者更好地理解和分析翻译中的权力结构和意识形态，深化批评译学的研究内容和方法。

(3)拓展研究领域。描写性译学的研究范围广泛，可以涉及不同领域和语种的翻译实践，为批评译学研究拓展研究领域，提供新的研究视角和方法。

总之，描写性译学对批评译学研究的意义在于为其提供实证基础、理论支持和拓展研究领域，可以促进批评译学研究的深入发展。因此，没有描写性译学的发展，就不会有批评译学的产生。

第三节　基于语料库的政治意识形态与翻译研究

语料库批评译学是翻译研究中的一种方法论，旨在通过对大规模语料库中的实际翻译数据进行分析和比较，揭示翻译中的现象和规律，以及其与社会、文化和历史背景之间的关系。语料库批评译学是批评译学的一个分支，强调通过实证研究和数据驱动的方法来揭示翻译中的权力结构、意识形态和文化价值观。语料库批评译学的研究内容主要包括四个方面：基于语料库的政治意识形态和翻译研究、基于语料库的性别意识形态和翻译研究、基于语料库的民族意识形态和翻译研究以及基于语料库的译者个人意识形态和翻译研究。因为本研究只涉及第一方面，所以我们在这里只介绍基于语料库的政治意识形态和翻译研究。

基于语料库的政治意识形态和翻译研究的目的是调查政治意识形态和翻译之间的相互作用。这种研究试图揭示一个社会的主流价值观或一个政党、一个阶级或一个国家的共同政治立场对翻译的影响。另一方面，它还可以研究翻译在构建或重新塑造一个阶级、政党或国家形象，以及塑造社会主流价值观方面的作用(胡开宝，2018)。人们普遍认为，翻译在本质上是一种社会活动，因为译者不可避免地会受到所处社会阶层、政党或国家的价值观、信仰或观念的影响。此外，翻译经常被用作推广特定价值或政治理念的重要工具。Mona Baker(1996)在"Corpus-based Translation Studies: The Challenges That Lie Ahead"中提到了基于语料库的翻译研究在处理政治意识形态和文化差异等方面的挑战。她还指出了基于语料库的翻译研究在分析大规模的政治文本时的重要性。贾卉(2008)研究了美国《新闻周刊》杂志如何翻译与中国文化和政策相关的词汇。结果表明，译者受所处国家的价值观和政治信仰的影响，倾向于使用添加意识形态的语言标记来扭曲中国形象，歪曲中国的政策。Laviosa(2000)使用翻译英语语料库，研究了五个语义相关的单词或词组——European，Europe，European Union，Union，EU——在《卫报》和其他欧洲报纸的新闻报道译文中的使用和搭配情况。研究结果表明，翻译文本构建了一个非侵略性和非冲突的欧洲形象，一个以超然和客观的方式呈现的形象。

此外，基于语料库的翻译政治研究还可以关注文学作品译者如何在译文中表现特定国家或组织的政治理念或价值观。胡开宝和盛丹丹(2020)对基于语料库的文学翻译批评研究进行了全面的探讨，他们从界定、特征、领域和意义等角度分析了基于语料库的文学翻译批评研究的内涵与意义，并展望了该领域的未来发展方向。他们认为，这种研究范式将推动文学翻译批评研究方法的变革，拓展和深化文学翻译批评研究。陈保红等(2023)在梳理了大量关于美国汉学家译介中国当代文学的研究成果后，利用比较文学中的形象学理论和语料库翻译学方法，深入分析了美国汉学家在当代文学译介策略上的变迁，以及这些变迁背后的动因。研究表明，汉学家的目的、立场和意识形态对其译介思想和策略产生了显著影响。中国文学外译不仅是文化交流的重要途径，也是国家形象建构的关键维度。宋庆伟(2019)指出，文学翻译在中国话语体系和中国形象建构中具有包容、渗透和潜移默化的作用，且具有更高的价值信任度和接受度。中国话语体系的建构应充分利用本国传统文化的丰富资源，立足本国发展的具体实践，着力打造"融通中外""和而不同"的中国话语，进而有效传播中国的思想与文化、增强中国在国际上的话语权。

基于语料库的翻译政治研究可以通过对翻译文本的分析来进行。首先，要用语料库描述译文的语言特点、翻译策略和翻译方法，然后借助统计分析，找出特定词汇、句法结构、翻译策略和翻译方法的一般使用规律。在翻译文本中，应特别注意意识形态的评价性词汇或语言标记的使用。其次，应在分析源语和目的语词汇或结构的对应关系的基础上，描述翻译策略和方法使用的共同模式，特别是那些与政治信仰或特定政党或组织的政治制度有关的词汇或结构。为了考察政治理念对翻译的影响，可以对来自不同国家或不同政治派别的译者对同一源文本的两个或多个译本进行分析，以显示在某些翻译策略和方法的使用上可能存在的差异。再次，应根据上述基于语料库和批判性分析所确定的一般模式来解释政治信仰与翻译之间的互动关系（Hu & Li，2018）。

第二章

中国政治话语翻译与传播：意义与挑战

第一节 引 言

我国改革开放40多年来，呈现出良好的发展态势。作为发展中大国，我国经济发展迅猛，人民生活水平不断提高，已经成为世界第二大经济体，对国际社会的贡献率越来越大，备受国际社会的广泛关注（干青，2016）。随着经济的迅猛发展与综合国力的显著提升，中国在国际舞台上的话语权得到增强，特别是在当今世界一体化的背景下，在经济全球化不断发展的同时，文化全球化也逐渐成为一种趋势。全球化的进程，尤其是对于中国这样一个有着几千年历史的文明古国来说，机会十分难得。多少年以来，中国人渴望打开国门，走向世界，让世界了解中国，向世界传递自己的声音。然而，在国际舆论中，对我国形象的认知负面多于正面，我国的话语权在国际社会中仍然很弱，在国际体系中的话语权重很小，这是我国目前面临的最大挑战。

目前，中国正处在实现中华民族伟大复兴的重要历史时期，同时处于全面深化改革、实现“两个一百年”奋斗目标的攻坚克难的关键阶段，也是风险、挑战、困难集中的阶段。因此，中国不仅需要在全球范围内取得进展，而且必须确保世界了解、接纳、珍视其努力，同时防范外部干扰。为实现这些目标，中国必须加强其政治话语权，营造有利的国际舆论环境。这对于中国继续改革发展至关重要。在人类历史上迄今尚未有过像中国这样历史悠久、体量巨大、人口众多，文化传统、社会制度、意识形态、价值体系迥然不同的国家，以其独一无二的国家治理体系、独具优势的执行能力、史无前例的发展速度，进入国际体系中心（陈亦琳、李艳玲，2014）。世界正在密切关注中国的成功，以自己的方式解读，并试图用自己的观点影响他人。因此，构建一个融合中外文化的话语体系对于展示中国形象、阐释中国理念和增强外界对中国未来发展的信心至关重要。而对外宣传仍然是让世界了解中国的最有效手段。本章主要介绍中国政治话语翻译与传播研究的意义和面临的挑战。

第二节　中国政治话语翻译的意义

我们党始终高度重视将其理论观点和政策立场传播到国际社会，以更好地使世界了解中国共产党及其革命、发展和改革实践。在革命战争年代，我们党积极解释和介绍我们的政策立场，赢得了国内外舆论支持，为新民主主义革命的胜利和中华人民共和国的成立作出了贡献。中华人民共和国成立后，我们的党成立了《毛泽东选集》出版委员会，组织翻译和出版毛泽东的著作，通过这个窗口传播新中国的声音。改革开放以来，针对新的形势和任务，党和国家领导人的重要著作，党代表大会、全国人民代表大会、中国人民政治协商会议等重要党政机构相关文件的翻译也成为中央政府对外翻译与传播工作的重要组成部分。在当前时代，随着信息技术的高度发达，以及各国普遍通过对外传播增强其文化软实力的趋势，提高我国国际传播能力已成为一项关键任务。虽然我们的国际传播能力近年来得到了快速提高，但与西方强国相比，我们仍然相对较弱。党中央一再强调了加强我们的国际传播能力、精心构建我们的外部话语体系、讲好中国故事、传播中国声音、阐释中国特色的必要性。可以说，传播能力是一个国家文化软实力的重要组成部分，话语体系是一个国家在国际舞台上建立话语权的前提和基础(王晓晖，2014)。

随着我国改革开放的进一步深化和“一带一路”倡议的实施，对外传播工作的重要性更加凸显，同时外宣翻译的关键作用也愈发显著。外宣翻译，顾名思义，是指将对外宣传材料翻译成英语或其他语种，向世界传播来自中国的声音(莫竞，2020)。对外宣传是一个国家在国际舞台上展示形象、增强国家软实力和文化影响力的重要手段。对提倡共同发展、日益开放的中国而言，对外宣传至关重要。它不仅可以增强我国的软实力和文化影响力、树立良好的形象和声誉、推动国家的经济和文化发展，更能促进国际友谊与合作，增进我国与其他国家之间的相互了解和交流，推动国际关系的和谐稳定发展。而外宣翻译则在其中起着关键的桥梁作用。首先，外宣翻译能够推广中国的文化和价值观。通过翻译与传播中国的文化和价值观，可以帮助外界更好地了解中国的文化传统、历史背景、人民生活以及政治、经济和社会发展情况。这有助于推广中国的文化和价值观，增进国际社会对中国的了解和认识，从而促进国际文化交流和互动。其次，外宣翻译能够提升中国的国际形象。通过传播正面的信息和价值观，可以增强国际社会对中国的好感和信任度。这对于促进中国的对外交流、拓展国际合作、提高国际影响力和塑造良好的国际形象都具有重要意义。再次，外宣翻译能够促进国际交流与合作。通过将中国的政策和战略、技术和经验、文化和教育等方面的信息翻译成外语，可以使国际社会更好地了解中国的情况和发展，促进与外国政府、企业和人民的交流与合作。最后，外宣翻译也是提升中国国际话语权的重要途径之一。通过翻译与传播中国政府的重要文件、领导人的重要演讲、重要时事评论等，可以让国际社会更好地了解中国的立场和政策，增强中国在国际舞台上的影响力和话语权。总之，外宣翻译在中国与世界的交流与互动中起着举足轻重的作用。它是推动国际文化交流、提高中国的国际影响力和塑造良好国际形象的重要手段，也是促进与外国政府、企业和人民交流与合作的重要途径之一。

政治语篇翻译是对外宣传翻译研究的重要组成部分。政治话语是中国对外话语的关键要素。在所有外宣翻译中，政治话语翻译对对外展示中国形象的过程影响最为直接。中国政治话语翻译是我国对外话语体系建设的重要环节。政治话语翻译的质量和效果对于提高中国对外话语的国际接受度和中国形象传播的效果至关重要。中国的快速发展越来越受到国际社会的关注，中国的现状和发展态势成为各国关注的焦点。在此背景下，中国需要比以往任何时候都更积极地表达自己的观点，提升自己的文化自信。政治话语翻译是国家权威话语对外传播的重要载体，应体现高度的文化自信。

中国特色政治术语是中国政治体系的重要组成部分，具有丰富的文化内涵和特殊的语言形式。这些术语在中国特色社会主义理论体系中占据着重要地位，对于正确传达中国的政治主张、政策立场和文化价值具有重要意义。中国特色政治术语翻译是传递中国声音、传播中华文化的重要途径，其重要性是不言而喻的。首先，准确翻译这些术语能够帮助国际社会更好地理解中国的政治体系和政策主张，加深各国之间的相互了解和沟通。其次，正确翻译这些术语能够避免出现误解和误译，从而避免因语言差异引发的政治争议和冲突。同时，中国特色政治术语的翻译还能够帮助中国更好地展现自身的文化特色和价值观，提高中国的文化软实力。最后，中国特色政治术语的外宣翻译质量关乎对外传播效果和中国国家形象建构。

因此，研究中国外交术语的翻译及其在世界范围内的传播，对于树立良好的国际形象、提高中国的文化软实力、发出中国的声音、观察国际社会对中国的态度，都具有重要意义。

第三节　中国政治话语对外传播的意义

传播是通过共通的符号系统实现意义和信息的交流。对外传播工作担负着向外部世界说明中国、实现并促进中国与世界的交流的重任。由于语言、文化及社会政治制度等原因，境外受众对中国各方面情况不甚了解，因此中国政治话语对外传播工作具有重要意义，它能够向国外传达中国政府和中国共产党的立场和政策，帮助外界更好地理解中国的政治制度、发展道路和文化特色，以及加强中国的国际话语权和影响力。

首先，中国政治话语对外传播能够传递中国政府和党的立场和政策。政治话语传播是中国共产党和政府向外界传递政策、方针、宣言等信息的主要手段之一。通过传播政治话语，中国共产党和政府可以向国内外明确表达立场和政策，增强公众对党和政府的信任和支持。此外，政治话语传播还可以加强党和政府的统一战线工作，促进各方面力量共同为实现国家发展目标而努力。

其次，中国政治话语对外传播能够帮助外界更好地理解中国的政治制度、发展道路和文化特色。中国政治话语传播也是向外界介绍中国的政治制度、发展道路和文化特色的重要方式之一。通过传播政治话语，外界可以更好地了解中国的政治制度、决策过程、社会管理和文化价值观等方面的信息，从而建立对中国的更深刻、更全面的认识。这对于外界加深对中国的了解和信任，进而加强中国与外部国家的交流和合作，具有重要意义。

最后，中国政治话语对外传播能够增强中国的国际话语权和影响力。政治话语传播也是增强中国的国际话语权和影响力的重要手段之一。通过传播政治话语，中国可以向外界表达自己的意见和立场，争取更多的国际支持和认同。同时，政治话语传播还可以强化中国在国际话语权方面的影响力，促进中国在国际舞台上发挥更重要的作用。

总之，中国政治话语对外传播在当前国际形势下具有重要意义。通过政治话语传播，中国可以向外界表达自己的意见和立场，帮助外界更好地了解中国，增强中国的国际话语权和影响力，推动中国与外部国家的交流和合作。同时，政治话语传播也是加强中国国内团结和稳定的重要手段之一。因此加强中国政治话语的国际传播能力，关乎我国改革开放和现代化建设大局，关乎我国的国际影响和国际地位，关乎我国文化软实力的提升，关乎我国的国际话语权。

早在2010年1月，中国对外宣传工作会议就提出：抓住机遇，改革创新，更加及时有力地向世界传播中国的声音，这在实质上体现的就是增强国际话语权的问题。话语权是指舆论主导力(姚旭，2011)。国际话语权是指通过话语传播影响舆论，塑造国家形象和提高处理国际事务的能力，属于软实力范畴。话语包括理论、思想、价值、理念、议题、政策、主张和情况等。话语传播涉及“说什么”“谁来说”“何时说”“怎么说”等环节。衡量尺度是“说了算不算”。拥有话语权，就能通过议题设置(设计)，占据舆论制高点，引导舆论，使之导向有利于自己的方向，从而达到宣传塑造形象的目的。作为世界上最大发展中国家的中国，应当从加强传播能力建设入手，以更加主动的姿态发出自己的声音，向世界阐释自己的观点、主张及各项方针、政策，为世界提供更多可供选择的客观公正的信息。

我国政治话语对外传播事业随着改革开放起步并不断发展，四十多年来取得了丰硕成果。第一，中国政治话语的国际影响力不断提升。随着中国在全球事务中的地位和作用不断增强，中国政治话语在国际上的影响力也不断提升。越来越多的外国政治家、学者和媒体开始关注和引用中国的政治话语，使中国的政治理念和制度得到更广泛的传播。第二，政治话语翻译的水平不断提高。在中国对外传播事业的推动下，越来越多的政治话语得到翻译和传播，翻译水平也逐步提高。现在许多政治话语的翻译已经达到了与原文相近甚至更好的水平，为中国政治话语在国际上的传播打下了坚实的基础。第三，对外传播渠道不断拓展。中国政治话语对外传播的渠道不断拓展，除了传统的宣传媒体和外交渠道外，还涉及了新媒体、文化交流、人员交流等多个领域。这些渠道的拓展使得中国政治话语得到了更广泛的传播，也为中国在国际上的话语权和形象提升起到了重要作用。第四，彰显了中国制度的优势和特色。中国政治话语对外传播事业的发展成就，不仅仅体现在国际影响力的提升和翻译水平的提高上，更重要的是通过对外传播展现了中国制度的优势和特色。中国政治话语的传播让国际社会更加深入地了解了中国的政治制度和社会发展，促进了中外交流和互鉴。同时，这也为中国的现代化建设和发展作出了重要贡献。

第四节　中国政治话语翻译与传播面临的挑战

随着中国在全球舞台上的重要性日益增加，如何有效地向国际社会传达其政治理念和政策成为了越来越重要的挑战。中国政治话语的翻译与传播对于塑造全球对中国的认知至关重要，而要确保中国的信息准确有效地传达，需要应对以下几个方面的挑战：

一、文化差异

中国政治话语的翻译与传播在文化差异上面临着许多挑战。首先，中文和其他语言之间存在很大的文化差异，包括词汇、语法、表达方式等方面，这些差异可能会导致信息的误解或失真。例如，中国的政治话语通常涉及特定的历史、文化、哲学等方面的概念，而这些概念在其他语言中可能没有完全对应的词汇或概念，因此翻译时需要进行更为精细的处理。其次，中国政治话语的翻译与传播需要考虑不同国家和地区的文化背景、价值观和政治制度等因素。由于不同的文化和政治制度对于同一概念的解释和理解可能存在差异，因此在翻译与传播过程中需要进行适当的调整和转换，以确保信息的准确传达和理解。此外，中国政治话语的翻译与传播还需要考虑目标受众的不同需求和口味。在不同的国家和地区，人们对于政治话语的理解和接受程度也存在差异。

因此，在翻译与传播过程中需要根据不同的受众需求进行适当的调整和定位，以确保信息的有效传达和理解。综上所述，中国政治话语的翻译与传播在文化差异方面面临着多方面的挑战，需要考虑到多种因素，并进行细致的处理和调整，以确保信息的准确传达和有效理解。

二、语言障碍

中国政治话语翻译与传播在语言障碍方面面临的挑战主要涉及以下几

个方面：第一，语言表达的多样性。中文与其他语言在表达方式和语法结构上存在较大差异，政治话语翻译需要考虑语言之间的差异，确保翻译准确且符合传达目的。第二，语言的技术性与专业性。政治话语涉及的领域十分广泛，翻译人员需要具备丰富的相关领域知识并掌握专业术语，这对他们的专业素养和语言水平提出了更高的要求。第三，文化背景的影响。翻译人员需要了解源语言和目标语言的文化背景和历史背景，以便更好地理解原文意思并将其传达到目标文化中。第四，时效性与新闻价值。政治话语常常涉及重大的政治、经济、社会事件，翻译人员需要在保证准确性的前提下迅速传达信息，以满足新闻价值和时效性的要求。

为了应对这些挑战，翻译人员需要具备深厚的语言基础和专业知识，同时需要保持对源语言和目标语言文化背景的了解和关注，积极寻求跨语言、跨文化交流的途径，提高自身的综合素质和应对复杂场景的能力，以实现政治话语翻译与传播的准确性、流畅性和文化适应性。

三、政治偏见

中国政治话语翻译与传播在政治偏见上面临着诸多挑战。政治偏见是指人们对政治事物的看法、判断和态度不客观、不中立，受到主观意识形态、政治立场、文化背景等多方面影响。由于政治偏见的存在，翻译与传播可能会产生误解、歧义、失真和误导等问题，影响信息的传达和理解。一方面，政治偏见可能会导致对政治话语的片面解读和误解。不同文化和国家的政治系统、政治理念、价值观和社会背景存在较大的差异，容易引起相互理解上的障碍和偏见。这些政治偏见可能会影响外国人对中国政治话语的理解和接受。另一方面，政治偏见也可能导致政治话语的翻译与传播出现误导和失真。政治话语的翻译与传播涉及文化和价值观的转换，如果翻译人员或者传播者存在政治偏见，就可能会选择某些词语或者表述来达到自己的宣传目的。例如，在国际关系领域，一些国家可能会利用翻译与传播的手段，将自己的政治观点和利益合理化和正当化，对其他国家产生影响。

因此，为了克服政治偏见对中国政治话语翻译与传播的影响，翻译人员和传播者应该在工作中保持客观、中立的态度，尽可能客观地反映和传达政治话语的内容和含义，同时注重沟通和交流，增进不同国家和文化之间的相互理解和尊重。

四、全球媒体格局

全球媒体格局的变化对中国政治话语翻译与传播产生了深远的影响。社交媒体平台的兴起为信息的快速传播提供了便利，但在诸多方面给我国政治话语的翻译与传播带来了极大的挑战：第一，媒体格局的不平衡。全球媒体格局存在着发达国家和发展中国家之间的不平衡。发达国家的主流媒体数量和影响力都较大，而发展中国家的主流媒体数量和影响力相对较小。这种不平衡可能会导致中国政治话语在国际舞台上的传播受到限制。第二，媒体语言的差异。不同国家和地区使用的语言不同，翻译可能会因为语言差异而面临挑战。例如，某些政治术语在中文中具有独特的含义，但在其他语言中可能没有对应的词汇。这可能会导致翻译的不准确性，从而影响中国政治话语的传播效果。第三，媒体自由的限制。全球各国的媒体自由程度不同，一些国家的媒体可能受到政治控制或其他限制。在这种情况下，中国政治话语的传播可能会受到限制或扭曲。第四，媒体互动的不足。在某些国家，政治话语的传播可能是单向的，即由政府或媒体发布，而没有足够的互动。这可能会导致信息的不准确性和失衡，从而影响中国政治话语在国际上的传播。

为了应对这些挑战，中国政治话语翻译与传播需要与其他国家和地区的媒体进行更密切的合作，加强对外交流，提高翻译的准确性和精确度，并积极扩大影响力和传播范围。

因此，要提升中国的国际话语权，加强中国政治话语的翻译和国际传播、建设中国对外话语体系是一个重要的系统性工程。党和国家领导人的重要论述、党和国家的重要政策文件是其中的主要载体，而这些重要论述和政策文件中的重要政治术语更是重中之重。这些术语具有重要意义并富有中国特色，具有内涵明确、富有特色、适于传播等特点，是我党理论创新的重要成果，广受国际社会关注。而这些具有中国特色的重要政治术语需要用易于被海外读者理解和接受的话语体系来解释。要让国外受众了解和接受这些术语，翻译工作就起着至关重要的作用(兰东秀，2017)。

第三章

中国政治话语翻译与传播研究：现状与问题

第一节 引 言

近年来，随着全球化进程的不断加快，以及我国国际影响力的不断增强，我国社会发展、文化“走出去”等国家战略在国际上的影响越来越大。作为我们党执政理念和对外宣传的集中体现，建设对外政治话语体系，是提升国际传播能力、向世界讲好中国故事、进一步提升中国国际话语权的重要一环。在此背景下，中国政治话语研究得到政府及学界的高度关注。据不完全统计，2016—2021年，国家社会科学基金立项的项目中有27项涉及中国政治话语研究，其中重大项目1项。除此之外，大批学者出版了关于中国政治话语的论著。这些课题和论著或从构建模式角度，或从语义分析角度来研究中国政治话语，而中国政治话语的翻译与传播研究成果并不多见。然而，作为跨文化实践的一种重要体现，翻译与传播研究在我国外宣工作中的作用不容忽视。因此，应当大力开展政治话语的翻译与传播研究，尤其是基于语料库的中国政治话语的翻译与传播研究。这不仅能够拓展并深化中国政治话语研究，而且可以推动翻译对意识形态影响的研究。

第二节　研究现状

近年来，国际社会对中国的蓬勃发展给予了越来越多的关注，各国都在关注中国的形势和发展动态。在这样的背景下，中国需要比以往更加积极主动地发出自己的声音。中国政治话语翻译与传播是构建对外政治话语体系、提升对外话语权和国家形象的重要途径。百年未有之大变局引发全球政治经济格局和大国力量对比的深层次变化，这让中国在国际话语权的竞争中看到了机遇。有鉴于此，政治话语翻译传播的重要性日益彰显，国内相关研究成果日益增多。

一、中国政治话语翻译研究

国内学者对中国政治话语翻译的研究主要集中在以下四个方面：

(1)从宏观视角研究了政治话语的翻译原则。程镇球(2003)提出了“政治文章翻译讲政治”原则，他认为，在翻译政治文章时，必须紧扣原文，不得任意增删；政治文章的翻译要仔细衡量用词的政治含义与影响；从事政治文章翻译的同志要有政策头脑和政治敏感。外交语言的翻译有别于其他领域的翻译，它政治敏感性强，要求极为严格。黄友义(2004)坚持外宣翻译更需要翻译工作者熟知并运用“外宣三贴近”原则，即贴近中国发展的实际、贴近国外受众对中国信息的需求、贴近国外受众的思维习惯的原则。杨明星(2008)以邓小平外交名言“韬光养晦”的译法为案例，借鉴奈达的“等效翻译”理论，提出了“政治等效”翻译概念，认为“政治等效”是外交翻译的重要标准，并探讨了实现政治等效的原则和方法。

(2)意识形态对翻译行为和结果的影响。赵祥云、赵朝永(2022)在“政治等效”和“政治特效”原则下，基于翻译实例研究中国特色政治话语英译的策略选择，并阐明政治话语英译者在翻译决策过程中应秉持的四种主体意识，即国家意识、政治意识、融通意识和命运共同体意识。翟石磊

(2017)指出，政治性是政治话语外宣翻译的重要准则，而国家意识则是政治性的关键。国家意识是政治外宣翻译中的根本性和决定性因素。国家意识制约着国家翻译能力的建构(杨枫，2021)。

(3)政治话语翻译策略。针对我国外宣英译中出现的“以我为准”和“以目的语为依归”的翻译策略之争，袁晓宁(2013)和邱大平(2018)都认为在进行语言表达层面的翻译时，译者应采用“以目的语为依归”的策略；而在翻译文化层面时，译者则应采用“以我为准”的策略，实现外宣英译策略的二元共存。但译者在具体翻译时要发挥主观能动性，在有利于保护文化多样性、有利于让中华文化“走出去”的前提下，采用灵活多样的翻译方法，从而实现译文的文化传播功能，保证译文的政治准确性。唐革亮、曲英梅(2022)基于功能语言学语法隐喻理论，构建名词化翻译转移的基本模式，并探讨其在党政文献翻译中的策略应用。

(4)从中国形象维度讨论政治话语的翻译。谢莉、王银泉(2018)通过研究中国政治话语英译，深入分析了中国的国际形象现状和中国政治话语特点，指出中国国际形象自塑的决定性因素在于提升中国国际话语权。而要提升中国国际话语权，则需要实现对外传播方式创新，以及话语内容和话语翻译创新。杜丽娟、张健(2019)探讨了中国政治话语的概念以及“译有所为”的思想，认为中国政治话语翻译的“译有所为”主要体现在对外宣传以及展示真实和全面的中国、维护中国的国际形象、传播中国传统文化的价值观等方面。所以，在翻译中国政治话语时，要注意：灵活用词，积极建构中国政治立场；深入理解原文，积极建构融通中外的对外话语体系；灵活变通，兼顾对外宣传效果；翻译补偿，兼顾国外受众的认知能力。师新民、梁瑛洁(2021)认为，中国特色时政术语的外宣翻译质量，关乎对外传播效果和中国国家形象建构。译者在进行中国特色时政术语翻译时，无论采用何种翻译策略，都要把构建良好的中国形象、掌握国家形象自塑主动权作为自己的目标，要把塑造中国形象的主动权牢牢地掌握在自己手中，只有这样，才能讲好中国故事，让中国更好更快地“走出去”。

二、中国政治话语传播研究

作为国家软实力的重要构成部分，中国政治话语是国家意识、意志、价值观的表达。政治话语对外传播既担负着向世界陈述中国自身政治诉求和目标的历史使命，又承担着塑造中国国际形象的历史重任。近年来，中国走向复兴已然成为不争的事实。"人类命运共同体""一带一路""南南合作"等合作共建性话语成为中国对外交往的主流政治话语。然而，西方媒体舆论呈现出诸如"中国威胁论""中国崩溃论"等代表西方意识形态的报道的污蔑。这既是中华民族伟大复兴之路上一定会遇上的挑战，也是新时代中国对外政治话语需要面对和有待解决的问题(黄婷，2021)。

在此背景下，国内学者就对外政治话语传播相关问题从以下四个不同层面进行了研究：

(一)宏观上思考政治话语传播中体现的意识形态

在这个层面上，学者主要以新闻话语为研究对象，分析新闻话语中隐性存在的不容易被感性领会的意识形态性内容。丁和根(2004)用批判性话语分析方法，从文化视角探讨传媒话语的意识形态性及其文本背后的政治意义。传媒话语分析的文化符号学理论向度，涉及对传媒话语的意识形态及文本"深层结构"的探讨，可以使用结构分析法、认知分析法、社会文化分析法、批评分析法和综合分析法来研究。范红(2004)通过介绍新闻话语的编码过程以及三种主要的霸权建构方式(霍尔的编码模式、杰特林的新闻框架论以及施莱辛格的编码常规化的理论)，来说明掌握新闻话语权的阶层是如何将其思想意识形态"自然而然"地嵌入新闻话语的，新闻话语又是如何影响受众对真实事件乃至世界的认知的。她认为，新闻媒体本应利用话语形式建构基于事实的公众的声音，而不是利用话语权制约事实或定义事实，从而形成霸权。否则，新闻工作者就不能保证对客观事实进行公正、客观和平衡的报道，新闻受众也就无法对所报道的"社会现实"进行正确的"解码"。刘明(2014)运用话语分析的方法考察了汇率变化意义的新闻话语表征，并认为其形式、功能和意识形态之间关系密切，表现其深层的意识形态性。

（二）微观上讨论政治话语传播的实践操作

学者主要立足典型案例，如“冬奥会”“钓鱼岛争端”“地方广播讲好中国故事”等，探讨中国对外政治话语传播的实践操作。曾祥敏、方笑（2022）基于内容创新和技术赋能两个维度，观察主流媒体对北京冬奥会的报道，探索其在讲述中国故事、塑造中国形象、传播中国理念、发扬中国精神、弘扬中国文化方面兼具思想性、艺术性和技术性的创新实践。研究发现，在冬奥会每个阶段的传播中，都渗透了中国理念、精神与文化的生动演绎，这为探索中国形象塑造和对外传播话语体系建构提供了新的经验。沈国麟（2015）选取了 2012 年 4 月 16 日—2012 年 9 月 11 日新华社关于钓鱼岛的英语报道，对其进行框架分析发现：中国在此次钓鱼岛领土争端中的对外传播话语结构是冲突、自卫与维护和平。通过研究两份国外报纸——《日本经济新闻》和《纽约时报》在同一时期内关于钓鱼岛报道中对来自中国的信息源的引述发现，中国对外传播话语结构的二次传播效果并不理想，除了“冲突”的话语结构外，自卫的姿态和维护和平的价值理念并未被国际媒体所接受。林晓云（2022）结合福州人民广播电台“左海之声”对侨传播多年来的工作实践，论证了新时代地方广播在国际传播中的有效作用。地方广播要秉持国家站位，以中国梦作为引领，立足本地特色精准定位传播对象，以本土文化建构对外传播内容，多平台拓展对外传播渠道，用地方故事讲好中国故事、用地方形象丰富中国形象。

（三）探讨政治话语传播的媒体路径

这种观点主要以塑造中国境外形象为研究目的，探寻对外政治话语传播的路径。胡开宝、张晨夏（2021）分析了中国当代外交话语核心概念对外传播的现状与问题。他们认为中国当代外交话语的对外传播面临如译名变化不定、传播主体单一、传播形式和传播方式单调等问题。所以，中国当代外交话语核心概念对外传播的广度、深度和效度均需要提升，中国当代外交思想的对外传播尚未实现由“走出去”向“走进去”的转变。而且，国外媒体、组织和个人常常曲解我国外交话语核心概念的内涵，怀疑甚至抵制这些核心概念所表达的外交理念和相关举措。为此，我们应采取柔性传播、多主体传播和立体式传播等策略，向国际社会传播中国当代外交话语核心概念，努力实现中国外交话语由“走出去”向“走进去”的转变，提升中国的国际话语权。杨威(2022)对海洋命运共同体理念的对外传播进行了研究，他发现该理念在对外传播中尚存在着传达水平不高、辐射范围不广等问题。因此，他提出，探索推进海洋命运共同体理念对外传播的实践路径，必须阐明新时代推进海洋命运共同体理念对外传播的理论与实践逻辑，分析其对外传播研究的主要论题，这对于提升其对外传播水平乃至推动构建海洋命运共同体等方面具有重要的现实意义。

(四)考察中国政治话语境外传播效应

杨静(2008)通过比较《中国日报》和《纽约时报》两大主流报纸对中国“两会”报道的话语异同，认为中美两国主流媒体话语塑造出不同的中国形象，印证了意识形态影响和操纵着境外的中国话语。窦卫霖(2016)从翻译传播受众和翻译传播效果出发，研究国际社会对中国政治话语对外传播的理解和接受程度。他认为意识形态的差异是影响受众理解中国政治术语的重要原因。由此提出“以我为主、重视差异、不断强化、渐被接受”的传播策略，即坚持以我为主，同时重视对内与对外传播的差异，通过坚持不懈的强化传播，即使西方受众在认知上暂不认同我们的理念，也能够逐渐接受我们的翻译表述，实现从排斥到接受再到认可的转化，从而提高时政话语对外翻译传播效果。胡开宝等(2018，2019，2020)采用语料库方法，通过研究“一带一路”、中国梦和“中国特色社会主义”英译在英、美、印等国媒体的报道，分析了我国政治话语在西方的传播和接受趋势及其背后的意识形态。并提出由于一些国外受众常常曲解我国外交话语核心概念的内涵，怀疑甚至抵制这些核心概念所表达的政治理念和相关举措，我们应采取柔性传播策略、多主体传播策略和立体式传播策略，以卓有成效地向国际社会传播中国当代外交话语核心概念(胡开宝，2021)。

第三节　研究不足

毋庸置疑，近年来中国政治话语翻译与传播研究取得了较快发展，但是该领域研究仍存在以下不足：

一、理论体系不够完备

在中国政治话语翻译与传播研究方面，其理论体系相对不够完备是一个比较突出的问题。具体表现在以下几个方面：

首先，由于中国政治话语翻译与传播的研究历史相对较短，其理论框架还不够完善，相关的概念和理论体系仍需要不断深化和完善。例如，在政治话语翻译领域，目前仍缺乏一套系统的理论框架和规范性的术语表述，同时也缺乏与国际接轨的标准化翻译准则。

其次，在中国政治话语翻译与传播的研究中，缺乏充分的理论反思和方法论探讨。例如，对于翻译与传播中出现的误解和失误缺乏深入的分析，对于实证研究方法的应用也相对较少。此外，还缺乏针对性的、多角度的研究方法和手段。

再次，在政治话语翻译与传播的研究中，缺乏对多元文化背景下的政治话语进行研究的深入探讨。在全球化进程中，不同文化背景之间的政治话语交流变得越来越频繁，而不同文化背景下的政治话语具有很大的差异性，需要开展深入的研究，以适应多元文化背景下政治话语翻译与传播的需要。

综上所述，中国政治话语翻译与传播研究的理论体系还有待不断深化和完善，需要进一步加强理论反思和方法论探讨，同时也需要更多地关注多元文化背景下的政治话语翻译与传播研究。

二、研究领域有待进一步拓展

目前政治话语翻译与传播研究仍属于薄弱课题。和文学翻译相比，国内政治话语翻译研究成果明显偏少。从成果质量上看，来源于 CSSCI 检索源期刊的论文不到总发文量的 15%。这一结果在一定程度上说明目前高质量的、开创性的研究成果占比较少，大部分论文缺乏应有的学术影响力，产出具有开创性、前沿性的高质量成果应当成为政治话语翻译与传播研究的首要任务。并且，政治话语翻译策略和方法的讨论较多，但基于“言外”舆情调查，探究受众翻译接受效果的实证反馈评估研究并不多见(刘宏、李明徽，2022)，深度和广度也有很大的提升空间。另外，目前的研究视角仍然具有较大的局限性，仅仅注重政治话语的表面现象，缺乏对历史、文化、语言等方面的深入探究。此外，研究缺乏对政治话语传播的社会文化背景和语境的考察。政治话语作为一种重要的文化现象，其背后涉及历史、文化、社会、经济等多个方面的因素，需要多角度分析。

三、研究视角单一

研究视角较为单一是中国政治话语翻译与传播研究的另一个不足之处。目前研究以语言学和翻译学为主，而政治学、国际关系学、传播学等其他学科的研究视角较少涉及，限制了研究的深度和广度。另外，该领域研究主要聚焦于政治话语的翻译与传播现象，而对于其背后的文化、历史、社会和意识形态等因素的分析和研究较为欠缺。例如，当涉及解释政治话语翻译与传播的意义和影响时，现有的研究往往仅从语言、文化和传播渠道等角度进行分析，而对于话语背后的意识形态和价值观念、历史文化传统、社会制度和政治生态等方面的分析相对不足。这种视角的单一和狭窄使得该领域的研究成果难以达到深刻的理论洞察和实践指导的双重效果。

因此，为了推动中国政治话语翻译与传播研究的发展，我们需要以多元化的研究视角来探索政治话语的翻译与传播现象，考虑到政治话语所处的不同文化、历史、社会和政治背景，以及各种话语的背后所代表的不同的权力、利益和价值观念等，从而更加深入地理解政治话语的翻译与传播机制，并为中国的对外传播和国际交流提供更加有效的支持和指导。

四、研究方法单一，语料库分析方法不多见

目前的研究仍停留在理论层面，缺乏实证研究。政治话语的翻译与传播是一个动态的过程，需要及时跟进、分析和研究，但目前缺乏大量实证数据的支撑。长期以来，对政治话语翻译与传播研究方法较为单一，大多是主观定性研究，而定量的语料库分析方法不多见，较其他语体语料库翻译学研究相对滞后。研究者主要依据个人主观判断或者少量典型实例，对政治话语的翻译与传播进行分析，缺乏以文本分析为基础的研究，研究结论不够客观、不够全面。而语料库分析方法借助标注、检索、统计等功能，可在分析大规模政治话语翻译文本及挖掘词汇、句法、篇章等翻译文本语言特征方面发挥独特优势。因此，有必要使用语料库，将定性和定量方法相结合、描写和解释相结合，揭示中国政治话语翻译在国外的传播与接受程度。

第四节　基于语料库的“中国关键词”平台中的政治术语翻译及传播

“中国关键词”平台是由中国外文局、中国翻译研究院、中国翻译协会和中国网合力打造的权威解读当代中国核心话语的多语平台。该平台于2014年12月19日正式上线，选取十八大以来的重要党政文献和领导人重要讲话中的关键词汇，按照构建“融通中外”的新概念、新范畴、新表述的要求，精心编写中文词条，翻译成多语种文本，分批在中国网上专题发布，在国际舆论中抢占中国关键词的定义权、阐释权。“中国关键词”平台是以多语种、多媒体方式向国际社会解读、阐释当代中国发展理念、发展道路、内外政策、思想文化核心话语的窗口，是构建“融通中外”的政治话语体系的有益举措和创新性实践。

“中国关键词”平台以解读当代中国各个领域的核心词汇为主要内容，涵盖了政治、经济、文化、社会等多个方面。这些词汇包括当前中国所面临的一系列重大挑战和问题的核心概念，如“供给侧结构性改革”“一带一路”“新时代中国特色社会主义”“数字经济”等。平台的解读方式涉及多个语言，包括中文、英文、法文、俄文、西班牙文、阿拉伯文等。这些语言涵盖了世界各大洲的主要语言，方便不同国家和地区的人们了解中国的话语和思想。在每个关键词汇的解读中，平台提供了详细的历史、背景、概念和应用等信息，并附有典型案例和相应的参考文献，以帮助读者更好地理解和运用这些词汇。

“中国关键词”平台的建设意义深远。一方面，它为外国人了解中国提供了重要的参考和资源，方便全球人民了解中国的语言和文化，促进了不同文明之间的互鉴和交流；另一方面，该平台也展示了中国对于语言和文化交流的重视，加强了中国话语体系的全球传播和影响力，帮助中国话语体系更好地融入国际社会，并提升了中国在国际社会中的影响力和竞争力。此外，“中国关键词”平台的建设也为推动中外文化交流提供了平台和支持，增进了国际社会对中国的理解和认识，有利于推动中外关系的发展。

研究“中国关键词”平台中的政治术语翻译及传播有着重大意义。首先，翻译是跨文化交流的重要手段，通过翻译可以将信息传达给不同语言和文化背景的人群，促进各国之间的沟通和理解。在“中国关键词”平台中，翻译的准确性和规范性尤为重要，因为这些关键词是涉及中国核心概念和价值观的词汇，如果翻译不准确或不规范，可能会导致误解和不必要的文化摩擦。

其次，通过翻译与传播“中国关键词”平台中的术语，有助于推动中国话语体系的全球传播和影响力。中国正在成为越来越重要的国际力量，而中国的语言和文化也在全球范围内得到越来越广泛的传播。通过翻译与传播“中国关键词”平台中的术语，可以更好地展示中国的思想和文化特点，促进中国话语体系在国际社会中的传播和接受，提升中国在国际舞台上的地位和影响力。

再次，研究“中国关键词”平台中的术语翻译及传播还可以促进不同语言和文化背景的人群之间的交流和互动。通过了解和学习这些关键词的翻译和解读，人们可以更好地理解中国的历史、文化和发展现状，有助于打破文化壁垒和误解，促进文化多元化和交流互鉴。

最后，研究“中国关键词”平台中的术语翻译及传播，还可以为跨文化交流和翻译工作提供参考和借鉴。这些术语的翻译与传播方式，不仅反映了中国语言和文化特点，也体现了翻译与传播的规范性和效率。通过研究这些术语的翻译与传播方式，可以为跨文化交流和翻译工作提供启示和帮助。

鉴于此，本研究依据批评话语分析理论，通过语料库方法，利用自建西方媒体涉华报道语料库，探讨“中国关键词”平台中的核心政治术语英译在英、美、印等国的传播与接受特征，并探讨政治术语或外交术语翻译与意识形态之间的互动关系，以及其中体现的国家形象。自建语料库的语料均来自 NOW（News on the Web）Corpus，该语料库收录了 2010 年以来的网络报纸、杂志等媒体共计 150 亿词的网络数据。本研究所建立的西方媒体涉华报道语料库囊括的知名媒体有《外交学者》、美国有线电视新闻网、《华盛顿邮报》、《洛杉矶时报》、《纽约时报》、《卫报》、《每日邮报》、路透社等。通过对这些报道的研究，能够了解外国媒体的主流意识形态以及对中国和中国所提倡议的看法、态度与接受程度。本书随后章节将分析“中国关键词”平台中的“人类命运共同体”“共同富裕”“小康社会”“海上丝绸之路”“中国制造 2025”“上海合作组织”这六个术语的英译在西方国家的传播与接受情况。

第四章

基于语料库的“人类命运共同体”英译在英、美、印等国的传播与接受研究

第一节 引 言

“人类命运共同体”的首次明确提出是在2012年党的十八大上，该理念提倡不仅要追求本国利益，同时要兼顾他国合理关切的人类命运共同体意识。这一理念的提出顺应了当今世界和平与发展的时代主题。特别是在经济不断发展、各国文明与思想不断碰撞的情势下，这一理念一经提出就受到世界范围的热切关注，并于2018年被写入全国人民代表大会通过的宪法修正案。

“人类命运共同体”此类中国特色政治术语的翻译不仅仅是要完成文字的转换，更重要的是传达文字后面的文化信息。不仅是一种语言转换活动，更是一种中外文化之间的思想交流。外宣语言是一种特殊的话语，不仅需要考虑国家利益、政治立场、意识形态等影响，还要表现出较强的政治性和权威性。此外，外宣翻译的目的是让读者准确地理解译文所表达的内容，译者要掌握好分寸，努力做到客观、准确。如何将外宣材料转换成海外受众易于理解的表达，已然成为外宣翻译过程中不容忽视的考量。此次新冠疫情给我们敲响了警钟：身处局部问题与全球问题彼此转化的时代，任何一个国家都不可能独善其身，中国作为多边主义的坚定维护者，应发挥所长，使多边主义在全球各地生根发芽。中国在联合国维和行动、世界重要多边组织、国际和地区热点问题的解决中，均发挥着独特而积极的影响力，从而使世界各国形成更强大的合力，推动国际合作。

第二节 文献回顾

政治术语，特别是《政府工作报告》和外交中新提出的具有中国特色的政治术语的翻译是对外宣传翻译和研究中的一个难点和热点话题。近年来，许多学者从不同方向对政治术语的翻译做了不同角度的研究探讨。例如，廖志勤、文军(2008)从跨文化视角提出了新词新语的翻译原则，并提出跨文化意识考量原则、语境考量原则、政治考量原则、与时俱进考量原则和译文读者考量原则这五项翻译原则。杨明星(2014)基于外交新词的特点提出了外交新词的翻译策略应以政治等效原则为基本原则。张峻峰(2015)则认为外宣翻译要坚持国家利益最大化的原则，并且代表国家利益的职业外交官以语言为武器来争取国家利益的最大化。张健(2013)围绕外宣翻译的特点探讨了外宣翻译的“变通策略”。张艳(2010)从语言功能、信息量、文体风格三个角度总结了政治演说辞翻译应遵循的原则和标准等。周明伟(2014)提出了新实践、新技术条件下的政治术语研究的新问题应如何加深对外部世界的了解和认识，构建对外话语体系，讲好中国故事。随后的研究又提出要遵循培养翻译人才的规律，建设国际化翻译人才队伍。杨雪冬(2016)提出要提高重要术语，特别是核心概念在对外传播中使用的连续性和持续性，加强政治术语翻译的规范化和使用的统一化。翻译中要避免中国式概念的功能流失。要重视政治术语向学术界和政策研究领域的传播和政治术语载体的系统建设。

总体来讲，学界对政治术语研究分析的方向比较重视并且取得了很多的成果，但上述研究还存在一些不足之处，现有研究成果大多是在总结经验和验证翻译效果的基础上对政治翻译原则进行探讨，还需要足够数据的支撑，这一局限性在大数据时代尤显突出。国内外学者从批评话语角度对

“人类命运共同体”的研究分析尚不充分。本书通过对自建西方媒体涉华新闻报道语料库进行检索，提取包含“人类命运共同体”英译名的语句以及含有该译名的英国和美国主流媒体新闻报道，统计了包含“人类命运共同体”英译的英国和美国主流媒体新闻报道的数量，分析各个时间段“人类命运共同体”英译在英国和美国主流媒体新闻报道中应用的趋势，分析与“人类命运共同体”英译名搭配的高频词汇，研究英国和美国主流媒体对“人类命运共同体”的态度及其背后的意识形态。

第三节　研究设计

一、研究语料

本研究基于自建西方媒体涉华新闻报道语料库，所用语料选自 NOW 语料库，我们选取 2013 年至 2021 年 9 月的报道语料，以“人类命运共同体”的英译名“community of common destiny”“a community with a shared future for mankind”“community with a shared future for humanity”为检索词，提取包含这些检索词的英国、美国和印度三国的新闻报道，共计 184 篇。

二、研究问题

本研究将回答以下三个问题：

(1)“人类命运共同体”英译在英、美等国传播与接受的趋势和特征是什么？

(2)英、美等国媒体对“人类命运共同体”理念的态度如何？

(3)英、美等国媒体对“人类命运共同体”英译的应用是否受各自国家的意识形态影响？

三、理论框架

本研究依据批评话语分析理论，采用语料库分析方法，分析“人类命运共同体”这一理念在英国和美国的传播与接受。批评话语分析是一种致力于语言、权力和意识形态之间关系的研究框架(邵斌、回志明，2014)，旨在揭露意识形态对话语的影响、话语对意识形态的反作用，以及两者是如何源于社会结构和权势关系，又是如何为之服务的(丁建新、廖益清，2001)。根据批评话语分析理论，作为一种社会实践，话语受社会结构的制约，同时影响并建构社会现实。话语不仅体现社会中的权力和支配关系，而且加强或削弱这一权力和支配关系，并使其合理化或对其加以质疑。作为特殊的跨语际话语，政治术语或外交术语的翻译与传播不仅体现了意识形态的制约，而且对人们的信念、观念和印象等意识形态以及国际话语体系产生反作用。应当指出，尽管批评话语分析理论的应用可以较好地考察话语背后的意识形态和权力因素，但它存在文本数量过小、缺乏代表性、对话语的解释缺少客观性和系统性的缺点，而语料库作为一种自下而上的定量研究方法，刚好能够弥补这些不足，为批评话语分析提供一种更加客观的研究方法。

四、研究步骤与方法

我们通过检索自建语料库，统计各国 2013—2021 年关于“人类命运共同体”理念报道的篇数，分析这个时间跨度中存在的特殊节点，探究各国对“人类命运共同体”理念的关注度变化，并对其变化原因进行解读。另外，我们利用语料库软件 AntConc3. 5. 9，并以 BNC 语料库作为参考语料库，按照国别分类生成关键词词表，从词表中选取前 20 个关联性最高的实词，并且生成表格以分析其他国家对“人类命运共同体”理念的态度。最后我们以“人类命运共同体”英译名为检索项，提取英、美等国含“人类命运共同体”译名的检索行，并随机挑选部分索引行，探究各国对于“人类命运共同体”理念内涵的理解。

第四节　结果与讨论

一、"人类命运共同体"英译在国外英文媒体报道中的应用

我们以"人类命运共同体"的不同英译名为检索项，提取语料库中各国主流媒体新闻报道中包含这些英译名的语句，以"人类命运共同体"首次被提出的 2012 年 11 月 8 日为时间节点，对该时间节点前后各国英文媒体关于"人类命运共同体"的报道进行检索，统计了包含不同"人类命运共同体"英译名的新闻报道篇目数量，以分析"人类命运共同体"英译的应用趋势与特征。结果如表 4-1 所示。该时间节点前面阶段时间为 15 个月，后面阶段时间为 90 个月。

表 4-1　自建语料库中"人类命运共同体"不同英译名报道篇数

英译名 \ 年份	2013	2014	2015	2016	2017	2018	2019	2020	2021	总计
community of common destiny	1	3	14	48	42	25	17	20	10	180
a community with a shared future for mankind	0	0	2	3	54	89	88	180	130	546
community with a shared future for humanity	0	0	0	0	3	14	27	29	28	101
a human community with a shared future	0	0	0	0	0	0	0	1	10	11
小计	1	3	16	51	99	128	132	230	178	838

从表 4-1 可以看出，“a community with a shared future for mankind”的应用频数最高，共计 546 次。“community of common destiny”因为出现时间最早，且从结构上来说更符合目标受众习惯的 noun + of + noun 形式短语，因此以 180 次的频数位居第二。“community with a shared future for humanity”频数为 101 次，位列第三。其他译名频数较低。从我国官方历次发布版本的时间来看，各个版本交替使用，并未统一。“community of common destiny”虽然使用的频数位居第二，但主要原因是“community of common destiny”的译法比“a community with a shared future for mankind”早两年左右出现，并且在十八大报告英文版发布后，迅速引起国内外主流媒体的注意，相关的报道也都采用此译法，因此造成一种先入为主的接受，直到最近仍然有国外媒体在报道中使用。由于我国的国家领导人在不同国际峰会和外交场合反复倡导和阐释“人类命运共同体”理念，引起了国际社会更加广泛热烈的关注和认同，推进了译语受众对其深刻内涵的理解认知。

2017 年 4 月我国政府发布“人类命运共同体”的最新官方英译名“a community with a shared future for mankind”，以替代早先时候所提供的英译名“community of common destiny”。2017 年 10 月 18 日，十九大的召开使得“人类命运共同体”理念的影响力大幅上升并多次写进联合国决议，成为维基百科的收录词条后，其使用频数迅速上升，至 2018 年其总频数首次超过“community of common destiny”，到 2021 年前者总频数是后者的 3.03 倍。而“community of common destiny”的频数总体来看呈下降趋势。实际上，“人类命运共同体”英译的准确性本应该随着国内外对该词的广泛关注而提高，但是从十八大首次正式提出至今，由于该词官方英译被多次更改，最终出现了几种翻译并存的现象。因此我们选择了总引用频数较高的四个翻译版本进行分析研究，按时间依次为“community of common destiny”“a community with a shared future for mankind”“community with a shared future for humanity”以及“a human community with a shared future”。

此外，我们还统计了"人类命运共同体"英译在英国、美国和印度媒体新闻报道中出现的数量，发现自 2013 年该理论被首次提出后，"community of common destiny""a community with a shared future for mankind"和"community with a shared future for humanity"等英译在英、美、印主流媒体中均频繁应用，出现这些英译的新闻报道数量共计 184 篇，占语料库总数的 21.95%。而三国相关报道中，"a community with a shared future for mankind"版本的应用频次最高，约占总频次的 58.7%，其次是"community of common destiny"版本，约占总频次的 38.89%。

表 4-2 "人类命运共同体"不同英译名在英、美、印三国媒体的报道篇数

	community of common destiny			a community with a shared future for mankind			community with a shared future for humanity			a human community with a shared future		
时间节点	2012 年 11 月至 2015 年	2016 年至 2018 年	2019 年至 2021 年 9 月	2012 年 11 月至 2015 年	2016 年至 2018 年	2019 年至 2021 年 9 月	2012 年 11 月至 2015 年	2016 年至 2018 年	2019 年至 2021 年 9 月	2012 年 11 月至 2015 年	2016 年至 2018 年	2019 年至 2021 年 9 月
美	0	1	12	0	3	41	0	0	11	0	0	7
英	1	2	4	1	9	11	0	0	5	0	0	0
印	3	12	5	0	8	35	0	4	7	0	0	0
总计	4	15	23	1	20	87	0	4	23	0	0	7

另外，根据本书统计的英、美、印等国有关"人类命运共同体"英译在主流媒体新闻报道中出现的数量，发现自 2012 年首次提出"人类命运共同体"理念后，有关"人类命运共同体"英译的报道数量并未出现明显增长。

第一次相关报道数量明显上升为2016年至2018年。其增长迅速的原因之一是亚洲基础设施投资银行于2015年12月25日正式成立，亚投行要“成为构建人类命运共同体的新平台”。并且随着“一带一路”倡议的推动，我国的国际影响力大幅度提高，国际上对该理念逐渐重视。2017年2月，“构建人类命运共同体”理念首次被写入联合国有关决议，引起了国际上的广泛关注。“构建人类命运共同体”顺应了当今世界潮流与历史大势，体现了中国在国际事务中的责任担当，极大地增强了中国的国际话语权，极大地提高了世界各国对中国的关注度。并且2017年官方将“人类命运共同体”英译更改为“a community with a shared future for mankind”，据表4-2可知，截至2018年，“a community with a shared future for mankind”英译在英、美、印媒体上的报道数量已经远远超过“community of common destiny”，并且每年的增长数量呈上升趋势，而“community of common destiny”的增长数量逐年下降。“a community with a shared future for mankind”逐渐替代“community of common destiny”英译版本。而且根据表4-2，我们发现2016年至2018年，“人类命运共同体”英译在英、美、印主流媒体新闻报道中出现的数量增长到39篇，平均每年13篇，并且从此之后，每年相关报道数量呈现稳定上升趋势。

显然，英、美、印等国的媒体对我国政府倡导的“人类命运共同体”理念有一定的关注度。印度主流英文媒体发表的含有“人类命运共同体”英译的新闻报道共74篇，英国和美国媒体分别为33篇和75篇。印度和美国英文媒体发表数量远远大于英国媒体。这说明该理念在英国并没有得到全面的重视，而亚太邻国和共建“一带一路”国家或参与国家，如印度、南非等对该理念表现出更多关注。面对复杂多变的政治术语国际传播环境，我们不仅要关注英、美、印等国的态度，也要加强与共建“一带一路”国家的关系，为“人类命运共同体”理念的传播创造良好环境。

二、英、美、印英文媒体有关"人类命运共同体"新闻报道的关键词分析

我们以 BNC 语料库为参照，用 Antconc 提取英、美、印英文媒体有关"人类命运共同体"报道的关键词表，并分别选取位居前 20 位的实词关键词进行统计分析，如表 4-3 所示。

表 4-3　英、美、印英文媒体有关"人类命运共同体"报道关键词表

排序	美国媒体			英国媒体			印度媒体		
	频数	关键性	关键词	频数	关键性	关键词	频数	关键性	关键词
1	655	5719.104	China	285	2438.357	China	776	6899.867	China
2	237	1763.393	Chinese	75	820.707	reform	278	3223.612	reform
3	226	1717.952	global	110	809.810	Chinese	272	2053.155	Chinese
4	132	1390.209	reform	62	627.279	Beijing	130	1768.558	BRI
5	82	1239.915	COVID	29	479.819	opening	165	1445.764	cooperation
6	98	777.389	cooperation	35	425.229	Internet	150	998.218	global
7	82	756.061	Beijing	28	372.226	APEC	156	966.941	India
8	165	672.147	countries	58	369.315	global	165	647.415	countries
9	197	619.705	development	35	257.277	cooperation	156	575.701	president
10	46	614.613	multilateralism	110	254.294	world	185	534.179	development
11	245	603.696	world	27	235.747	SCO	31	463.846	COVID
12	169	600.367	international	14	231.637	COVID	71	461.934	Pakistan
13	36	544.353	road	17	214.019	BRI	146	457.902	international
14	62	381.617	belt	13	207.887	coronavirus	30	448.883	CPEC

续表

排序	美国媒体			英国媒体			印度媒体		
	频数	关键性	关键词	频数	关键性	关键词	频数	关键性	关键词
15	103	302.566	united	15	203.954	pandemic	34	437.568	multilateralism
16	19	279.358	coronavirus	17	202.597	EU	69	420.251	Iran
17	42	270.296	humanity	11	182.000	website	205	414.318	world
18	49	255.477	carbon	53	174.200	countries	34	399.689	CPC
19	53	227.868	communist	53	136.602	economic	65	395.922	belt
20	0	226.078	globalization	48	122.957	international	48	333.055	infrastructure

如表4-3所示，英、美两国媒体对“人类命运共同体”的报道的前20个关键词中，有11个关键词完全一致，分别为China，global，reform，Beijing，coronavirus，international，countries，cooperation，Chinese，COVID，world。美国与印度英文媒体相关报道的前20个关键词中，有8个完全一致，即China，international，countries，reform，development，global，Chinese，cooperation。英、美、印三国对“人类命运共同体”理念的相关报告提及最多的均为中国(China)，这说明该理念对于提高中国在国际舞台的影响力和知名度起到了很大作用。

之前从表4-2可以看出虽然“人类命运共同体”理念已得到英国媒体的关注，但英国媒体的报道量总体不高，且年度报道趋势起伏较大。在这一理念正式提出至2021年近8年时间内，英国媒体对这一理念的报道量共有33篇，平均一年只有4.125篇。此种情形表明这一理念在英国媒体上的影响力仍然与我们的期待存在一定的差距，其国际传播仍有较大提升空间。

而在英国媒体报道中有8个关键词与美国媒体报道不同，分别是Internet，APEC，SCO，BRI，pandemic，EU，website，economic。不难看出，英、美两国对我国“一带一路”倡议关注的角度和层面大致相同。两国主流英文媒体的关注点主要是政治、经济和外交。但是相对于美国，英国更加关注“人类命运共同体”理念在经济(economic，第19位)层面带来的影响，对待"人类命运共同体"的态度相对较为积极，而美国对"人类命运共同体"理念的态度相对更加复杂，既关注该理念对于各国之间的合作(cooperation，第6位)与发展(development，第9位)，又怀疑该理念是否会对本国的地缘政治产生影响。

英国作为中国的重要战略合作国，与中国的外交关系在世界舞台上起着重要作用。但是由表4-3可以看出"人类命运共同体"理念虽已得到英国媒体的关注，并且它们逐渐正视该理念带来的经济利益，但同样对其存在一些偏见与疑虑。此种情形表明"人类命运共同体"理念的国际传播仍有较大提升空间。中、英之间的合作共赢具有巨大潜力，两国的互通互惠、和平发展也需要媒体和舆论的配合和支持。

印度是三国中对"人类命运共同体"理念关注度最高的国家，是我国的重要邻邦，对于该理念的国际传播具有关键意义。但是印度媒体一方面对"人类命运共同体"理念十分关注、希望获得更多的相关信息；另一方面又因地缘政治而抵触该理念。由表4-3可知，印度与英国有10个一致的关键词(分别是China，international，reform，COVID，cooperation，Chinese，world，global，countries，BRI)。相比较而言，印度媒体"人类命运共同体"报道的关键词表与英美媒体关键词表有较大不同。在该词表中，8个关键词属于"地缘性"词汇，即BRI，Pakistan，Iran，CPEC，belt，China，Chinese和India。不难看出，印度媒体对"人类命运共同体"理念的关注主要表现在地缘政治层面，对"人类命运共同体"理念的态度总体是偏向怀疑和抵触，担心中国会通过"人类命运共同体"理念的推动获取地缘政治优势。经济方面，由于对"人类命运共同体"理念在经济合作层面所带来的好处十分关注，印度同时又积极加入了亚投行和相关基建项目。地缘政治方面，由于巴基斯坦和伊朗特殊的地理位置，印度媒体密切关注着巴基斯坦的动向，故而"Pakistan"和"Iran"一词在印度"人类命运共同体"新闻报道中频繁应用，频数分别为71次和69次，在关键词表中分别位居第12位和第16位。印度媒体对于"人类命运共同体"理念一直保持谨慎疑虑的态度，担忧中国"人类命运共同体"理念的推动会影响到自己在南亚地区和印度洋地区的地位，对其存在不同程度的误解与质疑。这种现象的出现是历史根源和现实原因共同作用的结果。

三、英、美、印英文媒体有关“人类命运共同体”新闻报道索引行分析

对英、美、印英文媒体有关“人类命运共同体”新闻报道进行检索，随机提取前10行含有“人类命运共同体”英译名的索引行，并分析这些英译名的前后搭配，以考察英、美、印英文媒体对“人类命运共同体”理念的态度和看法。具体情况如表4-4所示。

表4-4　英、美、印英文媒体有关“人类命运共同体”新闻报道索引行

序号	美国媒体	英国媒体	印度媒体
1	However, these are mere epithets, as are empty phrases such as “building a community with a shared future for mankind”.	... “**shared future of mankind**”, the dialogue was aimed at discussing **opportunities** and **challenges.**	A sound China-India relationship is an important and positive factor in maintaining world stability, and as two great civilizations, China and India can also make great contributions to building a **community with a shared future for mankind**.
2	... build “a **community with a shared future for mankind**”, all Beijing does is for China’s own interests and it always...	... behind the enticing, but essentially meaningless, language of “win-win” or “**shared future for mankind**” lies a ruthless CCP agenda to advance its and **China’s interests**.	Time to remember that the CPC’s stated objective is creating a “**community of common destiny of mankind**” ...

续表

序号	美国媒体	英国媒体	印度媒体
3	Much of the language that Chinese officials try to insert into UN documents uses his catchphrases, such as "win-win co-operation" and "**a community with a shared future for mankind**".	The official propaganda talks of "win-win" co-operation, and building a "**community of common destiny**" —but it would be **naive** to think that is all that is going on here.	China loftily describes its Digital Silk Road as a "**community of common destiny in cyberspace**", its growing control over the cyberspace—its own and that of its partners—would in fact allow Beijing to bend that common destiny towards the interests of its **one-party rule**.
4	a "new type of international relations" or the "**community of common destiny**", is what has been called the reform of global governance. But what the CCP means by the reform of global governance is the extension of social governance overseas.	... "**community of common destiny**", because the result is that Chinese **businesses** and **investment** become **negatively** associated with the authoritarian values of their homeland.	... he always advocates building a **community with a shared future for mankind**, the Chinese president voiced his willingness to strengthen cooperation with France and Germany on **climate change**.
5	The Diplomat noted earlier, "building a **community of shared future for mankind**" and new type of international relations with win-win cooperation.	... when he spoke not merely of recognising China's **neighbourhood** as a **community of common destiny** but of turning it into one.	... middle, "China Dream" or sometimes as a "**community of common destiny**" which, some say, is derived from the **Zhou** Dynasty model of **tianxia.**

续表

序号	美国媒体	英国媒体	印度媒体
6	… chipping away at long-standing views of universal values. In March, it succeeded in passing a motion in the U. N. Human Rights Council to pursue a key rights notion: pursuing a "**community of a shared future**".	… the concept of the **community with a shared future for mankind** and work with the international community to make positive contributions on **addressing global climate.**	Themed in the exchanges and mutual learning among Asian civilizations and building **a community with a shared future for mankind.**
7	… pointed out that **COVID-19** has proved once again that building a **human community with a shared future** is the **right way** forward.	… improve **global governance**, jointly cope with **global challenges** and build a new type of of international relations and **a community with shared future for mankind.**	… creating over 200,000 local **jobs**. The Initiative has grown from a concept to a key platform for building a **community with a shared future for mankind**.
8	… work to build a new type of **international relations** and a **human community with a shared future**, promote high-quality **development** of the " Belt and Road Initiative " through joint efforts.	China, which is pursuing its own space program, told Reuters it was willing to cooperate with all parties on lunar exploration to make a greater **contribution** in building **a community with a shared future for mankind.**	China has made huge achievements in the great cause of building **a community with a shared future for mankind** adding that Bangladesh-China relations will be consolidated and deepened.

续表

序号	美国媒体	英国媒体	印度媒体
9	**And China's proposition is: build a community of shared future for mankind** and achieve shared and win-win development.	It further states that China is ready to work with all countries to build **a community with a shared future for humanity.**	... the *China-Pakistan Free Trade Agreement as* an opportunity to vigorously expand bilateral trade. He also urged the two countries to foster a closer **community with a shared future.**
10	Building "a community of shared future for mankind" and "new type of international relations with win-win cooperation" are the two pillars of Xi's vision for China's foreign policy. ... the concept of "a community of shared future for mankind" sounds more harmonious and benign.	At their meeting, Perry **praised** his vision of "a community with a shared future for humanity", *The Times* reports.	... to carry forward the positive **Buddhist** cultural spirit, promote exchanges between Buddhism and other religions and make contributions to building a "**community with a shared future for humanity**".

通过分析随机选取的索引行，可以看出英国媒体对于“人类命运共同体”理念的态度总体来说相对积极，美国媒体的态度总体来说是偏向消极和负面的，而印度媒体的态度较为中立。

美国媒体一开始对“人类命运共同体”理念的态度是漠视，随着该理念在国际上的逐步推广，美国媒体对该理念的态度日益负面。从索引行可以看出，一方面，美国媒体也承认“人类命运共同体”理念给经济发展

(development)带来的好处，特别是新冠疫情(COVID-19)发生以来，由于西方多国的抗疫不力，美国主流媒体一直在关注着疫情下的中国外交和国际社会对中国的评价，也承认“人类命运共同体”是一条对的道路(right way)。但是另一方面，在美国眼中该理念是一句空话(empey phrases)，只符合中国的利益(China's own interests)，并对美国和其他国家来说是一种威胁。

与美国同样作为西方大国的英国对待“人类命运共同体”的态度相对美国更加积极，报道也更加客观。在英国媒体看来，中国的“人类命运共同体”理念是机遇与挑战(opportunities and challenges)并存的。英国媒体赞扬(praised)了“人类命运共同体”理念不仅能为其他国家带来发展的机会，有助于提高全球治理能力(global governance)，共同应对挑战。但英国媒体也错误地认为英国不能天真地(naive)完全相信中国宣扬的“双赢”合作，因为该理念下的国家之间的合作缺乏透明度，并且中国政府和企业投资之间可能存在矛盾(negatively)。

印度媒体对“人类命运共同体”的报道以消息性报道居多，分析和评论的总倾向较为中立，多从地缘政治角度出发，十分关注巴基斯坦(Pakistan)等国家对该理念的评价。印度媒体对该理念为“一带一路”周边国家带来的经济效益的态度相对美、英两国更积极，比如扩大双边贸易(expand bilateral trade)，带动就业(jobs)。并且除了经济、政治主题，印度媒体对该理论的关注主题还包括了宗教、文化和环保方面，比如促进两国佛教文化(Buddhist)的交流，改善环境(climate change)等方面。

总体而言，美国和印度媒体对该理念的关注度较高，两者关注的主题都更偏向于政治方向。尽管美国媒体也谈到了“人类命运共同体”理念下各国之间合作发展的可能性，但对“人类命运共同体”的报道仍以负面为主。印度出于地缘政治考虑，虽然以相对客观的消息性报道为主，但仍存在恶意解读和评论的现象，并且其反对的声音大多集中于地缘政治之间的摩擦和经济贸易之间的竞争。相对于美国和印度媒体，英国媒体的态度比较积极。一方面，在脱欧背景下，英国积极寻找多边经贸合作的机会，承认该理念之下的合作是充满机遇和挑战的；另一方面，英国又主张对中国的“人类命运共同体”理念的宣传要保持谨慎的态度。

第五节 结 语

本研究采用语料库方法，从英、美、印等国主流英文媒体中“人类命运共同体”英译的报道趋势、“人类命运共同体”新闻报道关键词等角度切入，分析了中国特色大国外交术语“人类命运共同体”的英译在英、美、印等国的传播与接受，探讨了英、美、印等国对“人类命运共同体”理念的看法和态度，并依据批评话语分析理论，揭示“人类命运共同体”英译在英、美、印等国传播与接受的趋势和特征背后的意识形态。

研究表明，“人类命运共同体”的早期英译“community of common destiny”、后来的英译“community with a shared future for humanity”和“a human community with a shared future”虽然一度被采用，但我国政府2017年所提供的官方英译“a community with a shared future for mankind”的使用频次最高，且使用频率逐年稳步增长。这是因为，我国政府提出并在全世界推广“人类命运共同体”理念，拥有“人类命运共同体”术语及其英译的构建与解释权，且我国政府提供的“a community with a shared future for mankind”英译名2017年在十九大报告中被提出并首次被写入联合国决议，且随着2017年至2018年多次会议演讲，该理念在国际上引起广泛关注。新冠疫情发生以来，全球合作抗疫也为“人类命运共同体”理念的传播提供了现实路径和故事。

研究还表明，英、美、印媒体对于“人类命运共同体”的关注度远低于同时期其他时政术语。与英国相比，美国媒体虽然对该理念相对重视，但更多的是对中国崛起与发展感到担忧，因此对该理念的报道相对负面。英国媒体对“人类命运共同体”的关注主要在英国和欧洲本身的经济利益方面，并且英国媒体对该理念的报道在政治和经济方面的态度是矛盾的。在经济上英国开始逐渐正视“人类命运共同体”理念所能带来的经济利益，但在政治上仍采取犹豫态度。尤其是近年来欧洲的一些国家响应“人类命运共同体”理念而“推动构建人类命运共同体”的消息对它们产生了巨大的影响，但又因美国长期以来所施加的政治压力而难以独立自主地进行决策。印度媒体大多对“人类命运共同体”理念持中立态度，但是对该理念为“一带一路”周边国家带来的经济效益的态度相对比较积极。

第五章

基于语料库的“共同富裕”英译在英、美等国的传播与接受研究

第一节 引 言

1953 年，党中央通过了《关于发展农业生产合作社的决议》，其中《决议》第一条就提出“共同富裕”，可见其重要性。历经半个多世纪，经过时间的考验，“共同富裕”仍然是中国特色社会主义奋斗的目标。从理论层面来看，共同富裕是科学结论，是历史发展规律。从实践层面来理解，共同富裕是社会主义实践的具体道路，是增强社会主义国家的国民凝聚力、巩固社会主义制度的必然选择(程恩富、刘伟，2012)。

“共同富裕”代表着中国人民对美好生活的向往，其含义就是要让社会全体人员共同过上富足的美好生活。然而中国人民对共同富裕的追求也常伴随着其他国家媒体的质疑与误解。共同富裕指的是全体中国人民共同努力、互相帮助，最后达到人民安居乐业、丰衣足食的生活水平。通过消除两极分化、缩小人民之间的贫富差距，在此基础上实现共同富裕。“共同富裕”并非同时富裕，而是允许一部分人、一部分地区先富起来，先富带动后富，以期逐步实现共同富裕。

随着互联网的普及，网络媒体的报道也逐渐成为各位学者的研究对象，各网络媒体所发布的内容丰富多样，逐渐成为人们生活中的一部分。由于其方便性以及快捷性，网络媒体拥有了庞大的受众，是信息传播中不可或缺的一部分。本研究搜集了英、美等国与“共同富裕”相关的网络报道语料，除此之外，还搜集了 2000 年至 2022 年的《政府工作报告》英译版本语料。经过检索发现，每一年的《政府工作报告》中都会提及“共同富裕”，可见中国政府在为追求“共同富裕”不断做出努力。值得注意的是在《政府工作报告》英译文当中，关于“共同富裕”的英译除 2019 年《政府工作报告》翻译为“shared prosperity”以外，其他年份的《政府工作报告》均使用“common prosperity”英译版本。对外报道与国内报道不同，对外翻译的对象是外国人，他们的意识形态、文化图式、思维方式等方面与国内读者均存在差异，所以对文化符号含义的理解常常存在差异。本章将在下文中分析各国相关报道，以求找出两个译文版本的异同，分析英、美等国对“共同富裕”理解是否存在偏差，研究“共同富裕”术语英译版本在其他国家的传播与接受，把握该术语在国际上传播的总体趋势，寻找该术语最佳的对外宣传译本。中国与西方的政治制度有所差异，中国的政治制度是马克思主义中国化的重要成果，中华优秀传统文化是中国政治制度的土壤，所生成的制度具备中国特色，政治术语常常具备中国色彩，能否翻译好这些术语对中国的对外传播有着深远影响(董晓菲，2021)。本研究希望能够在政治话语对外传播上提供一定的启示，减少各国对于中国政策理解上的偏差，精准传递中国话语。

第二节 文献回顾

政治术语在表明国内政治立场、宣传国家主流意识形态、展现国家政治生态文化上具有重要意义，政治术语的翻译要讲政治，因此政治术语的翻译格外重要，译名需统一且贴合国内政治方针。

政治术语的英译对于一个国家而言具有重要意义，国内众多学者对政治术语的英译策略展开了研究。黄蔷(2017)曾针对政治术语的英译策略展开研究，并且将中国特色政治术语的语言特征概括为以下几点：(1)权威性。(2)时代性。(3)通俗性。(4)概括性。(5)广泛性。(6)美学性。冯雪红(2014)指出在英译过程中，往往难以找到对应的英文术语，这就要求译者针对政治术语进行二次创建，并且提及了在创建(或二次命名)过程中需要考虑的三个维度，分别为语言学维度、术语学维度、跨文化传播维度。刘润泽及魏向清(2015)利用概念史研究方法对“中国梦”的英译展开思考。杨雪冬(2016)对十八大以来提出的若干重要政治术语展开了研究，考察了政治术语的翻译策略及其传播，并使用了传统的研究方法分析这些术语在国际社会中的接受情况。

综上所述，国内的研究重点大多集中于政治术语的语言特点及翻译策略上，众多学者从不同的视角分析政治术语的英译，但是总的来说较少学者采用语料库翻译学的方法研究政治术语的翻译，且多数研究都集中于政治术语的翻译策略上，政治话语的传播及接受的研究较少。译者创建的译文需有一定的可接受性且能有效传播，受到读者的广泛认可才能算是合格的译文，因此研究政治话语在各国的传播及接受程度格外重要。

第三节　理论基础

本研究依据批评话语分析理论(Critical Discourse Analysis，简称CDA)，探究“共同富裕”英译版本在英、美等国的传播与接受，探讨话语背后的意识形态。1979年，英国语言学家Fowler等学者在《语言与控制》一书中提及批评话语分析理论。如今，作为语言学研究的一大分支，批评话语分析已经广泛应用至各个领域，如社会学、文化学、历史学等。Fowler在《语言与控制》一书中提及意识形态与权力联系紧密，意识形态常以话语为依托，通过获得共识进行控制，社会条件决定话语性质(Fowler，1989)。批评话语分析理论与传统话语分析理论存在一定差异，Fairclough认为两者之间最大的区别在于“批评”(Fairclough，1992：12)。对于批评话语分析研究学者而言，“批评”指的是揭示话语背后的意识形态和隐藏的权力关系。然而，批评话语分析理论也存在一定缺陷，研究过程中容易受到研究者的主观因素影响，缺乏一定的客观性。Fairclough指出不受研究者主观因素影响的、客观的文本分析是不存在的，研究者对于研究对象的认识不可避免地具有局限性(Fairclough，2003：15)。除了研究者主观因素的影响外，研究的分析材料也往往有限，研究者在研究过程中没有筛选研究语料的标准。

随着计算机技术的发展，语料库也进入了大众的视野，语料库语言学发展迅速，逐渐成为研究者收集数据的重要手段，现已应用至词汇教学、语言测试、言语研究、机器翻译以及翻译学等各个领域。大型语料库给翻译研究者提供了观察研究对象的独特机会，能够让研究者更加透彻地理解研究对象(Baker，1993)。语料库汇集了大量的真实语料，从中可以获取量化的数据，通过自行收集的语言素材，研究者使用自建语料库以供研究。语料库功能丰富，基本功能如搭配查询(collocate)、词表功能(word list)以及索引功能(concordance)能够满足研究者的各个研究目的。

将语料库技术与批评话语分析理论相结合可以弥补批评话语分析理论的缺陷，研究者能够利用语料库工具开展研究，减少研究过程中的随意性，使文本的诠释更具全面性，弥补了批评话语分析理论局限于短小语料片段分析的缺点。语料库向研究者提供了大量可供研究的语料，研究者可以对语料进行甄别性选择并利用数据支撑研究结果。

第四节 研究设计

一、语料选取

本书研究语料选自自建的西方媒体涉华新闻报道语料库，语料均来自NOW语料库。我们在NOW语料库中按照国别，选取了美国、英国、澳大利亚、加拿大以及印度五个国家于2010年年初至2021年年末提及“共同富裕”英译名即“common prosperity”或“shared prosperity”的相关网络报道。NOW语料库中收录了从2010年至今的网络报纸及杂志，共收录了150亿词的网络数据。该语料库数据每个月增加1.8亿至2亿词，新增30万篇文章，每年约新增20亿词。该语料库数据与时俱进，其收录的语料内容丰富、来源广泛。

二、研究问题

本书主要回答以下几个问题：

问题1：“共同富裕”英译在英、美等国的传播与接受的趋势和特征是什么？

问题2：英、美等国媒体对“共同富裕”理念的态度如何？

问题3：英、美等国媒体如何解读“共同富裕”的内涵？

三、研究方法

本书将语料库与批评话语分析理论相结合，弥补了批评话语分析理论过于主观的缺陷，与客观的语料库数据相结合，其得出的结果也相对更为客观。我们通过检索自建语料库中“共同富裕”的相关报道，并根据各国逐年报道提及“共同富裕”话题的次数绘制曲线图，分析曲线图中存在的特殊节点，探究各国对“共同富裕”话题的关注度变化，并对其变化原因进行解读。我们将应用语料库软件 AntConc，以 BNC 语料库为参考，按照国别分类生成自建语料库关键词词表，从词表中选取前 10 个关联性最高的实词，并且生成表格以分析其他国家对"共同富裕"的态度。除此之外，我们应用了语料库搭配功能并联系上下文语境查看搭配情况。最后以"共同富裕"英译名为检索项，提取英、美等国含"共同富裕"译名的检索行，随机挑选部分索引行，探究各国对于"共同富裕"内涵的理解。

第五节　研究结果与讨论

我们在自建语料库中检索“common prosperity”显示 2010 年 1 月 1 日至 2021 年 12 月 31 日，该英译名总共出现了 1436 次，经过筛选，我们保留了与中国相关的语料，总共 858 次，其中美国报道中出现 615 次，印度 122 次，澳大利亚 65 次，加拿大 29 次，英国 27 次。我们在语料库中检索“shared prosperity”后发现，该英译名总共出现了 6198 次，经过筛选，我们保留了与中国相关的语料，总共 2152 次，其中美国报道中出现 1156 次，英国 344 次，印度 308 次，加拿大 246 次，澳大利亚 98 次。简单地从报道中出现“共同富裕”英译文的次数上来看，可以做出合理假设，各国更倾向于使用“shared prosperity”英译版本。本研究将以英、美等国的相关网络报道为主要研究对象，对“共同富裕”英译在各国的传播与接受展开研究。

一、“共同富裕”在英、美等国英文媒体新闻报道中逐年报道次数的分析

我们以“共同富裕”不同英译版本为检索词，以国别以及年份为检索条件绘制数据表格，选取了 2010 年 1 月 1 日至 2021 年 12 月 31 日的报道次数变化数据制作图表(见表 5-1、表 5-2)。为凸显逐年变化趋势、使其更为直观，绘制折线图(见图 5-1、图 5-2)以便观察数据中出现的关键节点。

表 5-1　“common prosperity”逐年报道次数

年份 国别	2010	2011	2012	2013	2014	2015	2016	2017	2018	2019	2020	2021	总次数
美国	4	1	1	0	1	0	1	1	0	3	4	599	615
印度	0	1	0	1	0	1	5	7	14	8	4	81	122
澳大利亚	0	0	0	0	1	1	1	1	1	4	2	54	65

续表

国别＼年份	2010	2011	2012	2013	2014	2015	2016	2017	2018	2019	2020	2021	总次数
加拿大	1	0	0	0	0	1	1	1	8	3	1	13	29
英国	0	0	0	0	0	0	0	2	3	1	1	20	27
总计	5	2	1	1	2	3	8	12	26	19	12	767	858

表 5-2 “shared prosperity”逐年报道次数

国别＼年份	2010	2011	2012	2013	2014	2015	2016	2017	2018	2019	2020	2021	总次数
美国	9	11	16	53	57	63	29	16	20	95	300	487	1156
印度	2	3	4	2	7	18	37	42	65	57	36	35	308
澳大利亚	0	0	0	1	4	8	15	7	23	19	14	7	98
加拿大	0	1	8	17	18	8	25	53	40	33	27	16	246
英国	2	1	4	6	9	15	22	32	52	75	62	64	344
总计	13	16	32	79	95	112	128	150	200	279	439	609	2152

观察表 5-1 和表 5-2 可知“common prosperity”总共被提及了 858 次，提及次数少于“shared prosperity”。“shared prosperity”总共被提及了 2152 次，是“common prosperity”报道次数的 2. 5 倍多。

各国关于“共同富裕”英译版本“common prosperity”的报道次数变化在 2021 年前起伏平缓，报道数量较少，2015 年以前各国相关网络报道篇数变化在 0~4 篇范围内，2015 年至 2020 年相关报道量相对上升，报道篇数在 0~14 篇范围内，从 2021 年开始，数据起伏变化最为明显，折线图中数据变化表现得最为直观(见图 5-1)，各个国家报道几乎直线上升，其中美国报道频次变化最为突出，可见美国对于“共同富裕”话题的关注度最高。

相比之下，各国关于“shared prosperity”英译版本报道的频次变化趋势

图 5-1 “common prosperity”逐年报道次数折线图

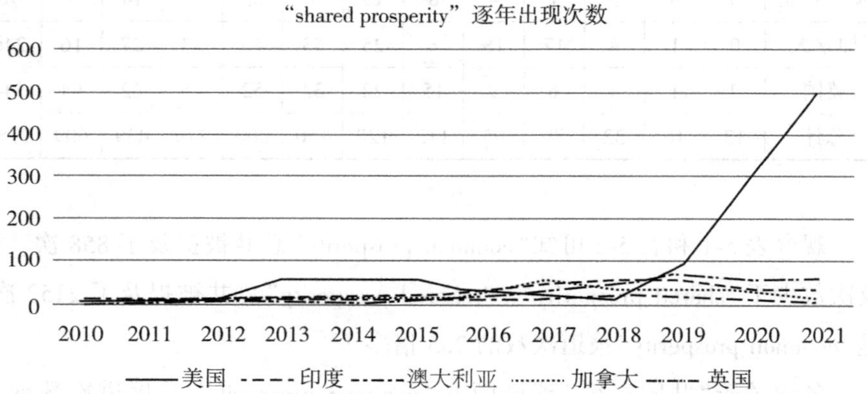

图 5-2 “shared prosperity”逐年报道次数折线图

与2019年前历时变化较为接近。从折线图5-2的变化可见，美国关于“shared prosperity”的报道于2012—2016年出现小幅度变化。

美国“common prosperity”的相关报道以2021年为时间节点出现大幅变化，而关于“shared prosperity”的报道以2019年为时间节点，变化最为明显。其他国家则未见显著差异。本书将以2019年以及2021年为重要时间节点分别探究导致"shared prosperity"以及"common prosperity"相关报道次数变化的原因。

研究发现，出现数据波动的原因有：2015 年，中国首次发布《推动共建丝绸之路经济带和 21 世纪海上丝绸之路的愿景与行动》。2019 年，澳大利亚维多利亚州州长丹尼尔·安德鲁斯(Daniel Andrews)与中国签订了"一带一路"的基础设施项目，并遵循"共商、共建、共享、共同繁荣发展、绿色治理、廉洁治理"方针，在澳大利亚引发广泛关注。2020 年是中国决胜全面建成小康社会、决战脱贫攻坚的收官之年，也是"十三五"规划收官之年。2020 年实现了第一个百年奋斗目标，在实现中华民族伟大复兴的历史进程中具有里程碑意义，在新冠疫情突发的情形下，中国能否朝着共同富裕的奋斗目标稳步前进引发了国际社会的关注。2020 年 10 月 26 日召开了党的十九届五中全会，会议中对扎实推动共同富裕做出了重要战略部署，并且明确提出到 2035 年全体人民共同富裕取得更为明显的实质性进展。2021 年恰逢"两个一百年"奋斗目标的历史交汇点，我国面临前所未有的机遇及挑战。

二、英、美等国英文媒体对"共同富裕"的看法分析

为探究各个英文网络报道中对"共同富裕"的看法，本书将收集的语料导入 AntConc，导入 BNC 词表，按照国别分类生成自建语料库关键词词表，分析词表中的实义词，考察索引行，着重分析英、美两国媒体对于"共同富裕"的看法，并采用语料库搭配功能，联系上下文语境查看搭配情况，以便揭示文字背后的话语韵，即文字所传达的意义。详情见表 5-3。

表 5-3 英、美两国媒体关于"共同富裕"报道关键词词表

序号	美国媒体			英国媒体		
	关键词	频次	关键性	关键词	频次	关键性
1	China	2197	11495.91	EU	445	4961.45
2	global	1287	6597.37	Brexit	348	4150.58

续表

序号	美国媒体			英国媒体		
	关键词	频次	关键性	关键词	频次	关键性
3	Biden	678	6285. 88	UK	681	2439. 47
4	countries	1771	5431. 05	China	457	2241. 71
5	Trump	670	5374. 97	funding	356	1775. 44
6	covid	532	5000. 45	government	817	1398. 68
7	challenges	818	4976. 9	global	275	1329. 76
8	pandemic	504	4587. 75	fund	316	1242. 36
9	Alibaba	478	4492. 85	covid	100	1192. 59
10	Chinese	622	4452. 62	economy	350	1172. 01

从表5-3中可见，英、美两国媒体语料关键词词表中“China”均出现，“China”在美国媒体报道中的关键性更高，可见美国媒体密切关注着中国的政策。除此之外，“covid”一词也出现于两国媒体的报道中，在美国报道中，与“covid”搭配频率较高的实词有“pandemic”（110次）、“coronavirus”（48次）、“world”（27次）、“economic”（27次）、“response”（26次）、“crisis”（26次）、“recovery”（23次）。搭配结果表明，美国媒体认为新冠疫情是一次全球性的传染疾病，此次疫情将会对各国的经济造成冲击。对于各国而言，新冠疫情是一次严重的危机，如何应对疫情将会对国家经济复苏造成影响。在英国报道中，与“covid”搭配频率较高的实词有“pandemic”（14次）、“post”（9次）、“impact”（8次）、“economy”（8次）、“crisis”（8次）。可见英、美媒体对于新冠疫情的看法一致，两国媒体都认为新冠疫情是一次危机，会对经济造成影响，并对中国经济发展及复苏造成冲击，进而影响中国的“共同富裕”进程。从两国的关键词词表中可以看出美国更关注中国的重大经济事件以及中美两国领导人的相关动态，

而英国媒体则更关注自己国家的重要事件，例如欧盟以及脱欧相关事宜。

本书在 AntConc 中，使用“搭配”功能输入“prosperity”，将跨度设置为“左 10，右 10”，选取其中前 10 个名词(见表 5-4)，并结合收集的语料分析考察各国媒体如何报道“共同富裕”相关话题。鉴于出现频率的差异，本书将选取几个相关性较高的名词着重分析。

从表 5-4 中可见，出现频率最高的词为“poverty”，结合语料上下文发现，自建语料库中“poverty”与“prosperity”搭配的含义大致为“减少贫困，促进共同富裕”“脱贫以促进共同富裕”“消除极端贫困，实现共同富裕”。可见各国媒体认为脱贫与实现共同富裕具有相关性，且检索到的所有语料中，“脱贫”均出现于“共同富裕”左侧，各个媒体一致认同脱贫是实现共同富裕的第一步。2020 年，中国脱贫攻坚进入决胜的关键阶段，全面建成小康社会圆满收官，脱贫攻坚、全面建成小康社会、实现共同富裕这三者相互联系，存在内在的一致性，三者为循序渐进的关系，下一步中国政府将在高质量发展中实现共同富裕目标。从检索的语料来看，各国的相关报道与中国的发展方向一致。

表 5-4　总语料搭配的前 10 个名词

序号	名词	出现频率
1	poverty	384
2	world	350
3	countries	264
4	bank	223
5	China	207
6	growth	204
7	fund	191
8	institutions	185
9	solutions	181
10	development	176

三、英、美两国媒体对"共同富裕"内涵的理解与认知分析

为探究英、美等国对于"共同富裕"内涵的理解与认知，我们将对英、美等国媒体有关"共同富裕"的新闻报道进行检索，随机选取含有"共同富裕"英译名的索引行，结合上下文考察各国媒体对"共同富裕"的态度与看法。本书将把各国媒体的态度分为积极与消极两类，从整体情况出发分析各国媒体的态度。详情见表 5-5。

表 5-5 英、美媒体含"共同富裕"译文的索引行

序号	美国	英国
1	New signals that companies should focus on "**common prosperity**" —a government initiative to lessen the wealth gap—have led to a parade of giving from tech giants and their leaders.	By targeting the inequality underlying China's economic problems and by seeking to increase domestic consumption, "**common prosperity**" also holds an economic logic that prior statements and initiatives have not.
2	Wuliangye will leverage the CIIE to tell the Chinese liquor story, making more international friends love Chinese brewing, and promoting cultural exchanges, open development and **common prosperity**, according to an executive of the company.	The Chinese Communist Party's crackdown—which has also impacted the country's technology and fintech industries—are "actually aligned with China's long-term strategic priority", namely "**common prosperity**".
3	In short, the CCP is confident, at least in public, that its top-down leadership can promote "**common prosperity**" and guide the country through unforeseen headwinds.	... the need to "rebalance" China's economy from an investment- and export-led model to a consumption-led one. Doing so would help resolve China's recurring bouts of financial instability, as well as the problem of inequality, the focus of the new "common prosperity" campaign.

续表

序号	美国	英国
4	China's "**common prosperity**" drive has stunned China's wealthiest with the thought that the CCP might actually be socialist after all.	Doing so would help resolve China's recurring bouts of financial instability, recently evidenced by the Evergrande implosion, as well as the long-running problem of inequality, the focus the new "**common prosperity**" campaign.
5	China's wealthy eastern province of Zhejiang, which is a "demonstration zone" for **common prosperity**, also announced Thursday that by 2025, rural residents should have on average annual disposable incomes of 44, 000 yuan per year.	Yet while the conditions for change are ripe, **Common Prosperity** is coming up short. Its success so far has been in compelling Chinese corporations to make charitable donations.
6	The government is also encouraging companies to implement initiatives to share wealth as part of a recent "**common prosperity**" to ease inequality in the world's second-largest economy.	Wang Xing, CEO of food delivery firm Meituan-Dianping, recently posted on WeChat arguing, somewhat tenuously, that his firm's name "Meituan" roughly translated to "**common prosperity**".
7	... "**common prosperity**" drive that is aiming to reduce inequality and has seen the government crackdown on some of the biggest companies in China, especially in the tech and education sectors.	China-Africa cooperation under the BRI is a wasy to **common prosperity** that brings benefits to both our peoples. African and other Asian leaders have welcomed "Belt and Road".

美国媒体注意到了我国为了实现“共同富裕”而做出的努力和成就(... "demonstration zone" for **common prosperity**, also announced that by 2025, rural residents should have on average annual disposable incomes of 44,000 yuan per year)，但是至于“共同富裕”究竟意味着什么，各媒体还难以准确表达。它们对于“共同富裕”的概念理解得还不明晰，认为相关政策可能会对外商投资者带来一定风险。

英国媒体则认为“共同富裕”通过针对中国经济背后的不平等现象并增长国内消费来解决问题，中国的“共同富裕”理念蕴含着经济逻辑，这是先前的政策中所没有的。英国媒体认为“共同富裕”呼吁共享经济增长，对缩小贫富差距有利。一方面，“共同富裕”有助于中国将经济重心转移到国内消费，有助于实现经济强劲增长，减少中国对外国消费的依赖；另一方面，“共同富裕”在实施时也会遇到一定问题，因为海外买家在政治上不愿意，在经济上也没有能力与中国建立不受限制的商业往来。英国媒体认为尽管中国改革的条件已经成熟，但是还没有实现“共同富裕”。

本书依据批评话语分析理论对“共同富裕”相关话语进行了分析，总体而言，美、英两国媒体均承认“共同富裕”在中国的社会及经济意义，但是也都错误地认为“共同富裕”相关政策可能会对外国投资者造成负面影响。通过分析随机选取的索引行可以看出美国对于中国“共同富裕”有积极的看法，也有消极的看法，而英国媒体总体来说态度相对积极。

第六节 结 语

本书采用语料库分析与批评话语分析相结合的方法，考察中国特色术语“共同富裕”英译名及其含义在英、美等国家网络媒体报道中的传播与接受。“共同富裕”含有两种翻译方法，分别为“shared prosperity”与“common prosperity”，两种译法均在各国有所应用。

研究表明，各国媒体对“共同富裕”话题的关注度有所提高，媒体的报道与中国国内发布的政策紧密联系，各国媒体对于“共同富裕”概念的理解越来越多元化。由于新冠疫情，英、美两国均对中国的“共同富裕”进程提出质疑，两国均认为新冠疫情会延缓中国发展并造成经济负担。各国媒体在提及“共同富裕”时，均会提及“发展”以及“减贫”话题，可见减少贫困是寻求共同富裕的首要步骤，而发展是实现共同富裕的驱动力。由于各国所处立场以及利益关系不同，对于“共同富裕”概念内涵的理解也不够全面，部分美国媒体只是将“共同富裕”理解为减少贫富差距，相比之下，英国媒体对于“共同富裕”的看法较积极。英、美两国部分媒体认同“共同富裕”对中国经济带来的积极作用，但也有部分媒体错误地认为其对于外国投资者不利，这表明部分媒体对于中国相关政策的认知不够透彻，存在一定的偏见。

鉴于此，我们应当准确传播“共同富裕”及其他政治术语的内涵，推动中国重要的政治术语在各国的传播与接受，促进其他国家媒体及民众对这些政治术语乃至中国的政治制度及发展现状形成客观且理性的认识。

第六章

基于语料库的“小康社会”英译在英、美、印、加、澳等国的传播与接受研究

第一节 引 言

20世纪70年代末80年代初，“小康社会”被邓小平同志作为一大重要战略构想提出，该构想旨在规划中国的经济社会发展。随着时代变迁和发展，“小康社会”的内涵和意义也在不断更新和变化。20世纪末，我国已基本达到了“小康社会”的要求。党的十八大提出“确保到2020年实现全面建成小康社会的宏伟目标”，在实现第一个百年奋斗目标的基础上向第二个百年奋斗目标前进。全面建成“小康社会”是统筹各大建设及战略作出的重大举措，为我国和国际脱贫作出了重大贡献，促进了社会发展。2020年是全面建成小康社会的收官之年，“小康社会”是我国发展过程中的一大重要外交术语，代表了广大人民群众对美好生活的向往和追求。“小康社会”英译在国际上的传播和接受具有重大的意义，对国际社会了解中国政策、中国国情以及中国文化有着重要推动作用，也对我国外交话语翻译起着促进作用。

第二节　文献回顾

政治术语翻译是一种具有社会意识形态的特殊类别翻译，具有重要意义。自改革开放以来，我国的政治话语翻译便取得了快速的发展和进步，政治术语翻译也受到了学术界的热切关注。政治话语翻译对我国政策发展和传播起着关键性作用。随着我国国力和国际影响力的不断加强，我国外交话语翻译在讲述中国故事和传递中国声音方面起着不可忽视的作用。

目前，我国已有众多学者对政治外交话语翻译进行了一定的研究和探讨，但这些研究主要围绕一些重要且典型的外交话语，外交话语的研究数量不够，研究范围也不够全面。因此，政治外交话语的翻译与传播需要得到进一步的探究，“小康社会”英译在英、美、印等国的接受与传播研究对我国的政治话语传播具有重要启示意义。

Newmark(1991)指出，政治话语的主要特征是包含了大量的抽象概念和术语，并涉及文化、价值观和历史条件等各种因素，政治话语是具有意识形态的特殊话语，因此翻译更要注意这些问题。魏向清(2015)认为，从普通术语定义来看，术语是概念的语符表征，概念则是对认知客体共同特点的抽象概括，而政治术语主要是抽象客体概念的符号化结果，表征概念的特殊性在政治外交术语的研究中未得到重视和有效利用。魏向清借鉴“概念史”，即一种概念研究的史观，对中国外交术语中国梦的概念本体和跨语传播与接受进行探究，为政治术语研究打开了新的视角，也为政治术语英译提供了重要的翻译依据。该理论从历时衍化和共时比较的维度对政治术语进行研究，对政治术语的传播与接受有着重要指导意义，提供了方法论意义上的参考价值。窦卫霖(2016)对政治话语传播提出独特而深刻的见解，他提出政治术语英译的接受程度受多种因素影响，如外国受众对中国政治术语意义理解不准确、翻译不符合目的语习惯表达和对实际国情缺乏了解造成理解有误等，其中意识形态是影响政治术语对外传播与接受的主要因素。由此，窦卫霖强调要基于认知心理学理论，提出“以我为主、重视差异、不断强化、逐渐接受”的传播策略，即要以本国的政治术语翻译原则为主，重视对外对内的传播差异，通过强化翻译让西方人逐渐在认知上接受政治理念，这对政治话语翻译提供了重要指导，为政治术语翻译提供了新的翻译策略，从而进一步促进政治话语的传播。李学军(2017)重视政治话语翻译的准确性和真实性，认为政治话语翻译跟其他文体翻译一样，一定要对政治话语的内涵进行充分理解，政治术语翻译要求翻译的准确和忠实，需要做到“信、达、雅”，以便译文能忠实于原文并具有准确性。我国的外宣翻译主要是有关中央文献的翻译，其中有大量的政治术语出现，政治术语包含了我国的一些重要政治策略和理念，具有重要的指示作用，我国虽在政治文献翻译和研究论坛方面取得了较大的进展，但在翻译质量上还是有待进一步提高。胡开宝(2019)对政治话语翻译提出切实中肯的意见，认为政治话语的翻译是提高我国文化软实力的重要手段。目前我国政治话语翻译虽然取得了较大的进展和突破，但相关的系统研究和分析还是较为缺乏。部分国家对我国的政治话语不仅缺乏认知理解，还存在误解和歪曲。由此，政治话语翻译能促使西方国家对中国政治话语的内涵有正确的理解和认知，以便西方国家对我国的政治话语形成客观认识和正面评价。

此外，部分学者对政治话语的传播也展开了相应的研究。胡开宝(2018)强调，研究英、美、印等国对各种政治话语的看法和态度，揭示各种政治话语英译名在英、美、印等国的传播趋势和特征，对英、美、印等国了解我国国情和制度起着重要促进作用，可以为中国政治话语英译提供一定启示。同时胡开宝(2020)提出，中国政治话语传播虽取得了一定进展，但中国政治话语在西方的传播还是相对较少。中国与他国在社会制度和意识形态上的差异对中国政治话语传播造成了一定阻碍，我国要利用各种传播手段加强中国政治话语在西方的传播。田绪军和李晓倩(2020)分析了我国政治话语传播的重要性，我国正处于中国特色大国外交时期，不同时期的国际国内经济、文化和政治以及社会环境是不同的，这对我国的外交政策和外交客体、内容和范围等造成了巨大影响，并通过外交话语表现出来，其研究主要以中国外交话语核心主题词和不同时期外交话语主题词为研究对象。新时代的外交话语表明我国已进入了新时代，由此外交的目的是取得全方位发展，而不仅仅是经济或其他单一方面的发展。中国外交主题词的研究和考察表明，中国的外交长期以维护世界和平、反对战争、与世界各国建立友好关系、共同发展、互利合作为主要目的，外交的范围和内容随时代演变，而这些正是通过外交话语得以实现。由此，外交话语的准确翻译和传播是我国推动构建人类命运共同体、世界可持续发展以及展示负责任大国形象的重要手段。刘鼎甲(2022)运用创新的数据研究方法对政治话语翻译进行研究，采用用法波动分析方法对研究语料进行波动分析，从宏观和客观的角度来考察外交术语在国外的传播与接受，是当前语料库的话语研究的重要补充，为我国政治术语翻译提供了新的启示。

综上所述，我国有关政治话语的研究近年来已逐渐增多，研究大部分从理论上进行分析，但对政治话语翻译的传播与接受研究较少，在研究广度和深度上还有待进一步提升，近些年的政治话语研究以中国的一些重要和核心术语为主，对其他具有历史意义的政治术语研究不够多，因此在有关中国其他重要政治话语的翻译研究上需要进一步加强。

对此，本研究以批评话语分析理论为理论依据，通过自建语料库，对“小康社会”英译的传播与接受进行研究，旨在促进中国政治话语翻译的发展，为中国政策和政治话语翻译提供参考意见，为中国话语在国际上的传播作出一定贡献。

第三节 研究设计

一、研究语料

本书的研究语料来自自建西方媒体涉华新闻报道语料库。由于本书是在新时代全面建成小康社会背景下探讨“小康社会”英译的传播与接受，因此收录了该语料库2010年到2021年的语料。根据“小康社会”三种不同的英译名——“a moderately prosperous society”“a well-off society”“a well-to-do society”，共收入英、美、印、加、澳主流媒体的216篇英语新闻，其中美国84篇，英国30篇，印度58篇，加拿大21篇，澳大利亚23篇。

二、研究问题

本书的探究语料来自自建西方媒体涉华新闻报道语料库，以全面建成小康社会为背景，考察“小康社会”的英译在英、美、印、加、澳等国的传播与接受，并回答以下几点问题：

(1)英、美、印等国对“小康社会”的英译应用趋势和特征有哪些？

(2)英、美、印等国对“小康社会”的态度是什么？

(3)在全面建成小康社会背景下，英、美、印等国对“小康社会”的内涵理解存在哪些差异？

三、理论框架

本研究依据批评话语分析理论，采用语料库研究方法，对“小康社会”英译的传播与接受进行分析。批评话语分析理论（Critical Discourse Analysis，简称CDA）首次于1979年出现在Fowler，Hodge和Kress等人（Fowler，et al.，1979）合著的《语言与控制》（*Language and Control*）中。该理论源自西方的马克思主义，对语言中存在的各种假设和信念进行探讨，旨在阐释意识形态、语言和权利之间的关系。批评话语分析理论同时从新的视角出发，探讨语言与社会的相互影响。

批评话语分析理论借助对意识形态、大众语篇以及社会历史背景的分析，来揭露意识形态、语言和权利之间的关系。由此，意识形态和权利关系成为了批评话语分析理论的核心概念。意识形态是批评话语分析理论关注的核心话题之一，意识形态通常被定义为个人思想、认识、信仰、观点和价值观等概念的总和，是一个总称。日常话语中的意识形态通常会隐藏起来无法让人察觉，以至于连说话人和听众都无法意识到它的存在。当隐匿意识形态的日常话语被人们习以为常时，该话语的影响力则会发挥到极致。批评话语分析理论下的权利定义要更加广泛，既包含对人的思想和语言行为的控制，还包括对社会资源的占有和控制。批评话语分析理论同时揭示显性的权利关系和话语背后的隐性权利关系。隐性的权利关系通常指通过话语隐秘地赋予特定意识形态的特权，以达到控制社会和政治舆论的目的。权利关系通过话语的形式展现出来，即权利借助话语来实现，话语成为权利表现的场所。权利又影响着人们的话语用词、语气和语调等。

话语分析是批评话语分析理论的重点。不同语境下，同一语言可能因语言结构和话语意义之间的不稳定关系而呈现不同的含义，由此话语分析应当与语境结合起来。交际过程中，应根据语境差异来调整话语表达形式。批评话语分析理论有几大特点，即关注社会和文化问题、通过话语反映权利关系、社会和文化构建话语、话语具有历史关联性、话语分析具有解释性、批评话语分析是社会活动，其中最关键的一点是话语能作为意识形态的工具。意识形态的工具是通过特殊的方法构建社会并再现权利关系。概括地讲，批评话语分析理论不仅关注社会的各种不平等、不公正问题，更注重揭示话语在维护和构建不平等关系中所起到的重要作用，还将话语与社会权利相联系，揭示各种社会问题，并提出相关问题的解决办法。

四、研究步骤与方法

首先，笔者统计“小康社会”的不同英译表达的报道频数，以 2012 年提出全面建成小康社会为时间节点，对比分析不同英译名，揭示英、美、印等国对“小康社会”英译的报道趋势和特征。其次，对与“小康社会”英译名搭配的各种高频实词进行分析，分析英、美、印等国对该英译名的接受和态度。最后，以“小康社会”英译为检索项，收集其所有的索引行，研究英、美、印等国对“小康社会”的内涵理解，再对比各国对该英译名的内涵理解差异，分析差异产生的原因。

第四节 结果与讨论

一、英、美、印、加、澳等国主流媒体对“小康社会”的英译报道趋势与特征

为考察“小康社会”不同英译名在英、美、印、加、澳主流媒体报道中的使用情况，本研究就“小康社会”不同英译名做了以下详细统计：

表 6-1 “小康社会”不同英译名在英、美、印、加、澳主流媒体的报道频数

国家 译名	美国	英国	印度	加拿大	澳大利亚
a moderately prosperous society	72	23	49	17	20
a well-off society	8	6	8	3	2
a well-to-do society	4	1	1	1	1

从表 6-1 可见，在英、美、印、加、澳主流媒体有关“小康社会”英译的不同译法中，应用频次最多的译名为“a moderately prosperous society”(美国媒体 72 次，印度媒体 49 次，英国媒体 23 次，澳大利亚媒体 20 次，加拿大媒体 17 次)。除此之外，美国媒体使用的其他英译名为“a well-off society”(8 次)、“a well-to-do society”(4 次)。英国媒体使用其他英译名的次数为“a well-off society”(6 次)、“a well-to-do society”(1 次)。印度媒体其他英译名的使用次数为“a well-off society”(8 次)、“a well-to-do society”(1 次)。由此可见，在外国媒体对我国“小康社会”英译名的报道中，“a moderately prosperous society”的报道频数最多，其次是“a well-off society”和“a well-to-do society”。同时还可发现“a moderately prosperous society”的报道和使用次数最多，该译名更易受到西方主流媒体的认可。而造成该现象的

原因主要在于，该翻译更能客观准确地传达"小康社会"的真正内涵和传递原文意思，达到翻译交际的目的。中国的"小康社会"是相对富裕的小康社会，"a moderately prosperous society"能够更加准确地传达原文内涵、表达原文意思，以实现翻译的最终目的，而"a well-off society""a well-to-do society"两种译名均只是强调富裕的社会，并没有将社会的富裕程度准确地表达出来。

除此之外，我们还从历时角度考察了自2010年到2021年英、美、印、加、澳主流媒体有关"小康社会"报道的数量。具体情况如表6-2所示：

表6-2　英、美、印、加、澳主流媒体有关"小康社会"报道的历时考察

年份＼国家	美国	英国	印度	加拿大	澳大利亚	小计
2010	1	0	0	0	0	1
2011	0	0	1	2	0	3
2012	0	0	1	1	0	2
2013	1	0	0	1	1	3
2014	1	0	1	0	0	2
2015	2	4	1	3	5	15
2016	2	3	7	2	2	16
2017	5	9	15	3	5	37
2018	3	1	8	0	2	14
2019	6	1	5	1	0	13
2020	32	7	12	2	4	57
2021	31	5	7	5	5	53
小计	84	30	58	20	24	216

根据表6-2，英、美、印等国有关“小康社会”的报道数量在逐渐增加，2012年之前，有关“小康社会”的新闻报道数量极少，2015年之后，相关报道数量逐渐增加，由2010年的1篇增加到了2021年的53篇。美国是最早报道“小康社会”的国家，也是“小康社会”报道最多的国家(84篇)，其次是印度(58篇)、英国(30篇)、澳大利亚(24篇)、加拿大(20篇)。印度和加拿大早在2011年就已经开始报道“小康社会”，英国在2015年才开始对“小康社会”进行报道，澳大利亚在2013年才对该政治术语进行报道。美、英、印、加、澳等国有关“小康社会”的报道分别于2020年、2017年、2017年、2021年和2015年达到峰值，相关报道数量分别32篇、9篇、15篇、5篇、5篇。其中2020年和2021年的报道数量最大，占了总报道数量的二分之一。

由此可见，在我国实力和影响力不断强化的背景下，我国的“小康社会”受到了越来越多的国家媒体的关注，其主要原因在于我国在全面建成小康社会方面获得了惊人的进展。从各国有关“小康社会”的报道峰值中可以看出，2017年和2020年分别是党的十九大召开时间、“十三五”规划的收官之年，在这两个时间里西方媒体对“小康社会”的报道数量分别出现增加。2017年为党的十九大，会议上提出要决胜全面建成小康社会，全面建成小康社会、开启全面建设社会主义现代化国家新征程的目标也得到确立。该会议为中国特色社会主义事业和党的建设作出新的全面部署。由此，2017年是中国特色社会主义进入新时代的关键时期，西方媒体对“小康社会”的报道也相应地增多。2020年是全面建成小康社会和“十三五”规划的收官之年，也是全面打赢脱贫攻坚战的收官之年。这些重要的进步获得了国际社会的关注，由此相关报道也不断增加。2017年到2020年属于全面建成“小康社会”的决胜期。到2020年，也就是全面建成“小康社会”的收官之年，“小康社会”更是得到了许多媒体的报道和关注。

二、英、美、印、加、澳等国主流媒体对“小康社会”的态度

许多研究发现，一些词具有消极或积极含义。这些具有特殊意义的词

汇反复出现，可以表现出明显的语义韵特点。由此，本书以“小康社会”的不同英译名为检索项，通过考察与之搭配的高频词汇来研究英、美、印、加、澳主流新闻媒体对“小康社会”的态度。

本书对含有“小康社会”英译的英、美、印、加、澳主流新闻媒体报道分别进行检索，使用软件为 AntConc 3.5.9 版本，跨距设定为 5，检索并纪录英、美、印、加、澳主流新闻媒体报道中与“小康社会”搭配频率最高的十个实词，最终的结果如表 6-3 所示。

表 6-3　美国媒体报道中与“小康社会”英译搭配的实词

序号	搭配实词	频数	序号	搭配实词	频数
1	building	31	6	decisive	4
2	goal	14	7	finish	3
3	China	8	8	create	3
4	centenary	6	9	achieve	3
5	victory	5	10	target	2

从表 6-3 来看，与“小康社会”英译名搭配的十个高频实词中，“building”的频数最多，高达 31 次，其次分别为“goal”“China”“centenary”“victory”“decisive”，数量分别为 14 次、8 次、6 次、5 次。同时“finish”“create”“achieve”“target”的出现次数相对较少，分别为 3 次、3 次、3 次、2 次。“building”一词出现频率最高，原因在于“小康社会”英译名常与“build”搭配，“building”的出现频率相对较高。

“China”在美国媒体报道中与“小康社会”的搭配频率较高，“centenary”“victory”和“decisive”分别位于第四、第五和第六的位置，将这几个术语与后面的“finish”和“achieve”联系在一起，可发现这与 2020 年是我国全面建成“小康社会”的收官之年有关。由此可见，美国主流媒体对我国的政策和发展阶段有着一定的关注和了解。在美国主流媒体看来，全面建成“小康社会”是我国的重要发展目标，是完成第一个百年奋斗目标，向第二个百年奋斗目标前进的标志。综上所述，美国媒体对我国全面建成“小康社会”持有客观的态度。

表 6-4　英国媒体报道中与“小康社会”英译搭配的实词

序号	搭配实词	频数	序号	搭配实词	频数
1	build	18	6	reforms	2
2	victory	5	7	realization	2
3	goal	4	8	deepen	2
4	decisive	4	9	poverty	2
5	slower	2	10	centenary	2

如表 6-4 所示，在英国媒体报道中，与“小康社会”英译名搭配的十个高频实词中，“build”的频数最多，高达 18 次，而“victory”“goal”和“decisive”分别为 5 次、4 次、4 次。同时，“slower”“reforms”“realization”“deepen”“pooerty”“centenary”的出现次数均为 2 次。“build”一词出现频率最高，“小康社会”英译名常与“build”搭配，使得“build”与“小康社会”搭配次数最多。其次，“victory”“goal”“decisive”与“小康社会”英译搭配较多。同样，“build”的高频率出现与“小康社会”搭配有关。但与美国主流媒体不同的是，英国主流媒体将“小康社会”与稳步高质量的经济发展相联系，认为我国实行的稳步高质量新发展格局是中国未来经济发展的关键，也是全面建成“小康社会”的必要条件。其中“goal”位于第 3 的位置，频次达到了 4 次，这与我国 2012 年确立“全面建成小康社会”的目标有关，“全面建成小康社会”一直以来被视为我国的一项重要国策来实施，同时也是我国社会不断进步的动力。除此之外，“reforms”“deepen”等词也相应出

现，这表明英国主流媒体认为深化改革对我国的经济发展起到重要促进作用，也是我国决胜全面建成“小康社会”的关键。最后，“poverty”与“小康社会”搭配，由此可见英国主流媒体对我国减贫给予高度关注，并认为消除贫困是全面建成“小康社会”的关键。

综上所述，英国媒体对“小康社会”持有客观的态度。

表 6-5　印度媒体报道中与“小康社会”英译搭配的实词

序号	搭配实词	频数	序号	搭配实词	频数
1	building	29	6	complete	3
2	goal	10	7	centenary	3
3	China	8	8	become	3
4	victory	4	9	success	3
5	decisive	3	10	poverty	2

从表 6-5 来看，在印度主流媒体报道中，与“小康社会”英译名搭配的十个高频实词中，“building”的频数还是最多，高达 29 次，原因还是在于该词与“小康社会”的高频搭配。其次，“goal”“China”“victory”分别为 10 次、8 次、4 次。同时，“decisive”“complete”“centenary”“become”“success”的出现频率较低，均为 3 次。而“poverty”出现次数仅为 2 次。同样，印度主流媒体也认为消除贫困是我国全面建成小康社会的关键，其中，由“success”可以看出印度对我国全面建成小康社会给予高度关注和认可。将“goal”“China”“victory”相联系，可发现印度媒体与英、美等国一样，对我国的经济发展持有一种客观的态度，认为中国全面建成“小康社会”是完成第一个百年奋斗目标，向第二个百年奋斗目标前进的标志，也是我国脱贫的关键。

表 6-6 加拿大媒体报道中与"小康社会"英译搭配的实词

序号	搭配实词	频数	序号	搭配实词	频数
1	building	10	6	vision	1
2	goal	5	7	strive	1
3	dream	2	8	promote	1
4	complete	2	9	plans	1
5	Chinese	2	10	period	1

由表 6-6 可知，在加拿大主流媒体报道中，"building"和"goal"分别为与"小康社会"英译名搭配频率最高的两个实词，数量分别为 10 次和 5 次，其次是"dream""complete"和"Chinese"，数量均为 2 次。从"goal""dream""complete"与"Chinese"等高频词来看，加拿大媒体认为中国梦与全面建成"小康社会"相联系，认为中国梦就是全面建成"小康社会"。但实际上，全面建成"小康社会"是中国梦的根本要求和重要体现，但全面建成"小康社会"并不等同于中国梦。由此可知，加拿大主流媒体虽对"小康社会"有着一种积极客观的态度，但同时对"小康社会"的概念存在着一定的误解。

表 6-7 澳大利亚媒体报道中与"小康社会"英译搭配的实词

序号	搭配实词	频数	序号	搭配实词	频数
1	China	8	6	world	1
2	building	3	7	victory	1
3	become	3	8	strategic	1
4	year	2	9	reform	1
5	goal	2	10	realizing	1

如表 6-7 所示，在澳大利亚媒体报道中，"China""building""become"与"小康社会"英译名搭配频率最高，数量分别为 8 次、3 次、3 次，其次

是“year”和“goal”，数量均为2次。“China”与澳大利亚主流媒体对“小康社会”的关注有关系，澳大利亚主流媒体认为“小康社会”是中国发展中必不可少的一步，也是影响中国发展的重要因素。同时，“小康社会”还与“world”“victory”“strategic”“reform”“realizing”搭配，主要在于全面建成“小康社会”是中国改革的一部分，而澳大利亚媒体错误地认为中国全面建成“小康社会”的目的是要比全世界其他国家更为强大，在全世界占主导地位。由此可知，澳大利亚媒体对“小康社会”持有消极的态度，对“小康社会”存在认识和理解上的不足，对我国的政策和发展以及“小康社会”的解读存在着一定误解。

三、各国对“小康社会”内涵的认知差异

在我国全面建成小康社会背景下，探讨英、美、印、加、澳等国对我国“小康社会”内涵的认知差异能促进中国政治话语翻译的发展，为中国政策和政治话语翻译提供重要启示，对中国政治话语的国际传播作出一定贡献。

（一）美国主流媒体对“小康社会”内涵的认知

通过对含有“小康社会”英译名的检索行进行仔细分析和考察，发现美国主流媒体对中国的“小康社会”报道总是含有“百年目标”等词，通过上述研究显示，“goal”和“centenary”与“小康社会”的搭配频率也较高，由此可以看出美国媒体对我国的政策发展较为关注。除此之外，经过检索发现美国媒体会将中国梦跟“两个一百年”奋斗目标联系在一起，认为实现中国的“两个一百年”奋斗目标就是实现中国梦的一部分，“两个一百年”奋斗目标分别为“在中国共产党成立一百年时全面建成小康社会”和“到新中国成立一百年时建成富强、民主、文明、和谐、美丽的社会主义现代化强国”。

(1) China has set some major goals making the Chinese Dream of national rejuvenation come true. Top on the list are the two centennial goals: to “build a moderately prosperous society in all respects” by 2021 at the CPC’s celebration of

its centenary; to “build a modern socialist country that is prosperous, strong, democratic, culturally advanced and harmonious” by 2049, the centenary goals of the People's Republic of China.

(2) Some reports and commentary have framed the political meeting as the American fantasy drama *Game of Thrones*.

通过例(1)可见，美国主流媒体认为全面建成“小康社会”是实现中华民族伟大复兴的中国梦的目标之一，中国的第一个百年奋斗目标和第二个百年奋斗目标都是为“实现中华民族伟大复兴的中国梦”而准备的，由此可知美国媒体对我国的“小康社会”有着一定的了解和关注。

但由例(2)可知，一些美国媒体对中国的政策和政治会议存在着一定的误解，对我国的政治会议理解不够，试图从美国小说视角理解中国政治或将西方民主机制与中国政治混淆，因此它们的报道中对我国的政治体系运转方式存在歪曲。

(3) “The economic prosperity that China has achieved is truly amazing, especially in infrastructure! I encourage people to visit and see for themselves,” Musk tweeted in response.

该例句出自一篇名为“Elon Musk praises China's economic progress on Communist Party anniversary”的文章中，通过上述例句可以看出，美国科技巨头埃隆·马斯克对中国经济发展持有积极乐观态度，同时对中国的经济发展给予了高度关注和认可，尤其是中国的基础设施建设。由此可见，美国的部分科技领域人士对中国市场持有高度认可。

(二)英国主流媒体对“小康社会”内涵的认知

与美国主流媒体不同的是，英国主流媒体对“小康社会”进行了较为客观、公正的报道，并对中国的“小康社会”持有客观的态度。

(4) China has realized its first centenary goal of building a moderately prosperous society in all respects. Poverty eradication is considered the “bottom-line task” in attaining this milestone development goal.

从例(4)可知，英国媒体对“小康社会”有着一定的了解，也提到了第一个百年奋斗目标。除此之外，英国媒体也提到了“poverty”一词，上述的搭配词表中也出现过“poverty”，英国媒体认为根除贫困是中国第一个百年奋斗目标的关键，即实现“全面建成小康社会”的关键。

(5) Unlike the so-called new normal of jobless recovery in many Western countries after the 2008 global financial crisis, Chinese policymakers have adopted the phrase to define a crucial development stage toward the fulfillment of the country's two centennial goals.

China's economy entering the new normal will continue to provide countries, including Asian nations, (with) more market growth, investment and co-operation opportunities. Slower but sustainable development will define the unfolding age of the new normal in China.

从例(5)可知，与美国主流媒体报道不同的是，英国主流媒体对我国的经济发展更为关注，在描述“小康社会”时，提到了“中国的两个一百年目标”，认为“中国的两个一百年目标”是中国实现“全面建成小康社会”和“建成富强、民主、文明、和谐、美丽的社会主义现代化强国”的重要标志。英国主流媒体认为我国的经济发展阶段与西方国家不同，中国经济发展进入了新常态，可为亚洲国家提供更广阔的市场和更多的合作和投资机会。英国主流媒体对我国的经济发展持有正确和客观的认识，并对中国的经济发展特点也有着深刻了解。

从上述例句可知，英国主流媒体将结构性改革与市场准入等一系列的改革措施与“小康社会”联系到了一起，这再次证明英国主流媒体对中国的改革政策给予了较多关注，且认为中国的一系列改革措施是中国实现“小康社会”的重要手段。

(三)印度主流媒体对“小康社会”内涵的认知

与其他国家不同，印度主流媒体对我国的经济发展和农村地区发展有着较高的关注度，其认为农村地区发展是“全面建成小康社会”的重点，对

“全面建成小康社会”有着客观的报道。相同点是，印度跟英国主流媒体都提到了四个全面改革，其中包括了我国的“全面深化改革”，认为“全面建成小康社会”和“全面深化改革”是同时进行的，都是经济发展的重要手段。

(6) The “toilet revolution” has evolved into a buzzword since the government announced two successive three-year action plans, which are essential for the country to reach its 2020 goal of building “a moderately prosperous society in all respects”.

从例(6)可知，印度主流媒体将“厕所革命”与“全面建成小康社会”联系在一起，认为“厕所革命”对此起着重要的促进作用，“厕所革命”关注的是中国农村地区的卫生环境。由此可见，印度与美国和英国有着不同的关注点，印度更多地关注中国的农村环境发展，认为中国的农村环境改善有利于“全面建成小康社会”。

(7) To achieve the goal, China needs to lift around 30 million poor rural residents out of poverty in the next three years.

例(7)表明，印度主流媒体与英美主流媒体相同的是，都认为减贫脱贫是“全面建成小康社会”的前提条件，而为实现这一目标，中国应当让3000万农村地区贫困人口脱贫，农村贫困人口脱贫是“全面建成小康社会”的最大挑战。印度主流媒体的关注核心在于中国农村地区的发展。

(四) 加拿大主流媒体对“小康社会”内涵的认知

在对含有“小康社会”的加拿大主流媒体新闻报道索引行中，我们发现了一些积极态度的词汇，由此可知加拿大主流媒体对“小康社会”持有比较积极的态度，认为中国的发展将促进全球各国的发展，为全球带来了更多的合作机会。

(8) In the next five years, China will endeavour to lift its remaining 70 million rural poor from poverty once and for all, which is a basic indicator for what we call a moderately prosperous society.

从例(8)可知，加拿大主流媒体对我国的农村地区人口脱贫给予了高度关注，认为“全面建成小康社会”的基本标志便是农村人口的脱贫。除此之外，为“全面建成小康社会”，还需要建立公平公正的社会体系，确保每个中国公民能平等享有国家管理权和自身发展权。与英、美、印主流媒体不同的是，加拿大主流媒体更多地关注于中国的社会体系建设。

(9) "That was a real style change," she said, illustrating that the government's promotion of a "Chinese Dream" of a moderately prosperous society is being felt from the top down.

从例(9)可知，加拿大主流媒体认为“全面建成小康社会”也是中国梦，“全面建成小康社会”是实现中国梦的部分内容，我国“全面建成小康社会”所采取的措施非常显著，得到了加拿大主流媒体的认可。由此可以看出，加拿大政府对我国“全面建成小康社会”的认知较为明确。

(10) The next five years is a crucial period for Guangdong to build a moderately prosperous society in all respects. It should benefit urban and rural people in all regions.

从例(10)可知，加拿大主流媒体报道了我国广东省的发展状况，认为广东省是我国“全面建成小康社会”的重要力量，为了实现这一目标，中国要从创新、协调、绿色和共享等方面全面发展，农村地区和城市地区的经济要同时发展。加拿大主流媒体对这一消息的报道主要源于2017年广东省脱贫攻坚战的重大成功。广东省成为了2017年全国脱贫攻坚的优秀典范，为“全面建成小康社会”作出了重要贡献。

(五)澳大利亚主流媒体对“小康社会”内涵的认知

澳大利亚主流媒体对“小康社会”的报道基本是负面的、不公正的，对我国的经济发展政策存在着一定误解，认知不够清晰，并无法认清我国的实际状况。

(11) The global shocks caused by the Covid-19 pandemic have helped unmask the Chinese Communist Party's ambitions to establish itself as a world power, but at the same time, the CCP also faces uncertainty over China's

chances of achieving strategic targets to comprehensively build a moderately prosperous society by 2021.

从上述澳大利亚主流媒体的报道来看，澳大利亚主流媒体对“全面建成小康社会”理解不够透彻，存在着较大的误解，态度较为负面。除此之外，他们认为新冠疫情使得“全面建成小康社会”充满了不确定性。

第五节 结 语

综上所述，本书运用语料库研究方法和英、美、印、加、澳主流媒体语料库，系统地分析了“小康社会”英译在英、美、印、加、澳的传播与接受。最后得出的研究结果显示，“小康社会”英译名有多种，但西方主流媒体更倾向于使用“a moderately prosperous society”。根据上述分析可知，在2017年全国十九大召开和2020年全面建成小康社会时，有关“小康社会”的报道都比较多，英、美、印等国主流媒体对“小康社会”的关注度也比较高。研究结果还表明，西方主流媒体对我国的“小康社会”多持有中立、客观的态度，其主要原因在于近些年来我国的综合国力和国际影响力的显著提升，以及2020年在“全面建成小康社会”方面取得的巨大成果。但同时西方国家对我国的经济政策及国情存在着一定误解，并对“小康社会”存在不实报道。其主要原因在于，我国是全球最大的发展中国家和全球第二大经济体，经济发展战略和社会制度以及意识形态与西方国家存在着较大差异。其次在于自“小康社会”提出以来，我国对中国特色社会主义制度和“全面建成小康社会”取得的伟大成就的宣传还不够充分，在宣传力度和方法上也有待进一步加强。此外，我国在向国际社会宣传“小康社会”内涵及意义时存在着一定不足之处，主要依赖于书面文字形式，口头方式较少，有关“全面建成小康社会”等术语的概念未向国际社会做出详细的阐释，以至于国际社会对“小康社会”的内涵概念模糊，存在较大误解。“小康社会”英译的传播与接受研究对我国重要外交政策术语的翻译与传播有着重要启示和影响，也有利于提升中国话语的国际影响力。

由此，我们应当响应国家的各种政策，积极加强我国外交术语的传播与翻译，进一步提升我国的软实力。除此之外，我们还要运用多元化且有效的传播方式，大力向国际社会宣传“小康社会”的内涵和“全面建成小康社会”取得的伟大成就，从而让外国受众对我国的政治话语能够有进一步的了解。最后，我国可以举行各种国际会议、各种交流会、论坛，用一种更加立体化、多样化、形象化的方式向外国受众宣传中国的政治话语，使国外受众能对我国的政治术语和各种发展政策有一定了解，并对我们的文化和价值观有着客观正面的理解。

第七章

基于语料库的“海上丝绸之路”英译在英、美、印、加、澳等国的传播与接受研究

第一节 引 言

自古以来，中华民族就是一个热爱和平的民族，无论是西汉时期张骞出使西域，还是明代郑和下西洋，中华民族都是以平等、互助为原则，进行友好的文化交流以及平等的贸易往来，从而推动各方的共同发展。2008年美国金融危机所带来的经济大萧条让世界各国经济都受到重创，经济恢复困难让世界各国不知所措。而历史已经证明，资本主义世界以往靠殖民与掠夺的发展策略已经过时与失效。2013年10月习近平总书记访问印尼时，提出与东盟国家共同建设“21世纪海上丝绸之路”。“海上丝绸之路”的倡议，是中国与太平洋、印度洋海域沿岸国家之间展开友好交流与合作的平台，目的在于促进中国与沿线参与国的经济合作、政治互信和文化交流互鉴(葛洪亮，2017)。目前，“海上丝绸之路”的英译只有“Maritime Silk Road”这一版本，并出现于中国2014年《政府工作报告》中。“海上丝绸之路”倡议的提出到现在已经有十年时间，在这十年里我国已经成功稳居世界第二大经济体，在世界经济发展中扮演着不可或缺的角色。十年间，我国的国际地位不断提升，国际影响力也越来越大。在此背景下，国家也越来越重视我国的政治话语在海外的传播效果(王显志、赵海成，2019)。为了了解“海上丝绸之路”这一倡议在国外的传播效果、接受情况以及国外媒体对这一概念的认知，本书基于自建西方涉华报道语料库，以“海上丝绸之路”英译“Maritime Silk Road”为检索项，提取出2013年至2022年英、美、印、加、澳五国相关英文报道语料并进行分析，考察以上五国媒体对“海上丝绸之路”这一倡议的态度以及接受程度。

第二节　文献回顾

政治话语翻译事关一国政治、经济、文化等因素的传播与影响，是国家对外交流的桥梁。因此，政治话语翻译一直受到学界的关注。梁洁(2019)等从国家形象角度出发，提出以下两种政治话语翻译策略：(1)以我为主。(2)受众意识。强调政治话语翻译要传播中国文化思想和政治理念，减少受众的阅读和理解障碍。汤素娜(2019)从多模态翻译的角度考量，提出运用文字增译法及其他模态填补语境及文化空缺、适当运用减译法和利用网页的多模态表达手段进行编译等方法。

此外，政治话语的传播也越来越受到关注。如何讲好中国故事是目前我国政治文化传播的重点。荆学民(2014)等认为当代中国政治话语传播存在五点话语困境，即立场困境、内容困境、形态困境、沉淀困境和传播渠道困境，并提出四个解决方法：转变立场、转变口气、转变用词、改善传播渠道。在政治话语对外传播方面，万丽萍(2011)提出从以下五点来提高中国政治话语在国际社会的传播力和影响力：(1)要有与西方抗争的意愿和勇气。(2)在传播主体上，形成全民传播的大格局。(3)在传播内容上，革新对外政治话语系统。(4)在传播对象上，以受众为中心。(5)在传播媒介上，建立具有一定知名度和美誉度的第三方媒体。陈芸生(2021)等提出以“政治性、权威性和规范性”为政治话语对外传播的原则。

但是，目前国内对政治话语海外传播的研究大多缺少数据支撑，无法令人信服。只有少部分研究利用语料库对一些政治话语的传播与接受情况进行了分析，但是其分析范围仍旧不够广泛、内容不够全面。因此，本书利用自建的语料库，选择“海上丝绸之路”这一政治术语为研究对象，分析其在英、美、印、加、澳五国的传播与接受情况，对国内政治话语语料库分析进行了补充。

第三节　理论框架

批评话语分析(Critical Discourse Analysis，CDA)最早起源于20世纪70年代东英吉利大学的批评语言学，后逐渐发展成为语篇分析领域的研究热点。批评话语分析关注的不是语言本身，而是不断变化的复杂社会现象(张文佳，2020)，其研究范围非常广泛，涵盖教育、管理、文化传播、政治与社会等方面。通过分析话语形成的时间、背景以及相关历史过程，批评话语分析能够展现出政治权利、意识形态以及话语间的关联性，常被用于政治话语的传播与接受研究当中，旨在寻找出国与国之间对同一政治话语产生的不同认识及其产生原因与背景。但是，批评话语分析研究方法也有其局限性，即研究者本身所固有的主观性与片面性会影响到研究结果的科学性(杨婷婷，2018)。而语料库是在分析大量真实语言材料的背景下获得相关的量化的数据，为批评话语分析定性研究提供了坚实的数据基础，帮助克服研究者本身的主观性与片面性，使研究更加科学可靠。因此，本书基于自建西方媒体涉华报道语料库，加以批评话语分析方法，力求克服自身的主观性与片面性，对“海上丝绸之路”这一政治话语在海外的传播与接受情况进行客观、理性的分析。

第四节　研究设计

一、研究语料

本书研究所用语料选自自建西方涉华报道语料库，选取了从"海上丝绸之路"倡议提出的2013年到2021年年底英、美、印、加、澳五国包含检索词"海上丝绸之路"中国官方英译"Maritime Silk Road"的英文新闻报道共计435篇，其中英国媒体报道46篇，美国媒体报道98篇，印度媒体报道191篇，加拿大媒体报道42篇，澳大利亚媒体报道58篇，总形符数为201669。这些报道均通过NOW(News on the Web)数据库检索得到，该语料库收录了2010年以来的网络报纸以及杂志共计150亿词的网络数据。通过对这些报道的研究，能够了解外国媒体的主流意识形态以及对中国和中国所提"海上丝绸之路"倡议的态度与接受程度。

二、研究步骤与方法

首先，以"海上丝绸之路"的中国政府官方英译名"Maritime Silk Road"为检索项，在语料库中提取出包含该检索词的语句和相关的英文媒体新闻报道，分析从2013年"海上丝绸之路"提出之后到2021年年底这个时间段里，英、美、印、加、澳五国媒体对该检索词的运用趋势。

然后，以批评话语分析为方法，观察与"海上丝绸之路"英译"Maritime Silk Road"相搭配的高频词汇(实词)、新闻报道标题以及所涉及的内容揭示出的英、美、印、加、澳五国新闻媒体对"海上丝绸之路"的态度、背后所隐藏的问题以及原因。

最后，以"海上丝绸之路"的英译名为检索项，随机提取出英、美、印、加、澳五国新闻报道中有关的部分索引行，基于这些索引行总结英、美、印、加、澳五国新闻媒体对"海上丝绸之路"内涵的认知和理解。

第五节　结果与讨论

一、“海上丝绸之路”英译在英、美、印、加、澳五国英文媒体报道数量及其随时间的变化分析

以“海上丝绸之路”英译“Maritime Silk Road”为检索项，提取自2013年10月以来英、美、印、加、澳五国包含这个检索词的新闻报道及其时间，统计自提出之后到2021年年底，“海上丝绸之路”每年在各国报道中的频次以及热度情况，分析各国对该倡议的关注度与年份之间的关系，并分析原因。结果如表7-1所示：

表7-1　2013—2021年英、美、印、加、澳五国包含“海上丝绸之路”英译的报道数量

年份＼国家	英国	美国	印度	加拿大	澳大利亚	共计
2013	0	0	1	0	0	1
2014	1	21	16	0	6	44
2015	6	4	36	2	2	50
2016	0	5	33	3	12	53
2017	15	8	42	17	3	85
2018	7	5	24	5	6	47
2019	6	13	27	3	13	62
2020	6	20	2	3	12	43
2021	5	22	10	9	4	50
共计	46	98	191	42	58	435

由表 7-1 可以看出，从 2013 年至 2021 年年底这段时间内，英国相关报道共计 46 篇，美国相关报道 98 篇，澳大利亚相关报道 58 篇，加拿大相关报道 42 篇，印度相关报道 191 篇，其中印度篇数最多，美国次之，加拿大最少，英国和加拿大报道均不足 50 篇。分析其中原因，美国作为世界上唯一的超级大国，社会主义中国的崛起是美国乃至整个资本主义阵营十分忌惮的，尤其是美国前几任总统推崇的"亚太再平衡"战略，让美国一直对中国保持着高度关注；而印度作为中国的邻国，有着与中国相似的国情：同为发展中国家，人口数量都很多，同属亚洲地区等。而"海上丝绸之路"倡议的主要覆盖范围又为东南亚地区，印度无法置身事外，这让其不由自主地提高了对该倡议的关注度。而英国、澳大利亚、加拿大三国相较于美国和印度，对"海上丝绸之路"倡议的热情就显得没那么高。

自 2013 年 10 月"海上丝绸之路"提出以来，总的来说，英、美、印、加、澳五国关于这一倡议的新闻报道数量呈增长的趋势。但由于该倡议是在 2013 年 10 月提出，所以 2013 年除了印度之外其他四国均无相关报道。在 2014 年至 2017 年这段时间内，英、美、印、加、澳五国对"海上丝绸之路"的关注度逐年增加，并于 2017 年达到顶峰，2018 年有所下降，2019 年又重新增长，随后在 2020 年至 2021 年这两年期间有所下降。尽管如此，英、美、印、加、澳五国媒体对"海上丝绸之路"的关注度仍比较高。2017 年有关"海上丝绸之路"的报道数量最多，因为在 2017 年召开了党的第十九次全国人民代表大会，并于该年 5 月举行了"一带一路"国际合作高峰论坛，将"一带一路"的关注度推到了最高峰。而 2020 年之后热度的下降则是因为 2020 年至 2021 年这两年间诸如美国总统大选、新冠疫情暴发等热点话题转移了人们的视线。但仔细观察表 7-1 可以发现，2020 年至 2021 年，美国有关"海上丝绸之路"的媒体报道是要远远多于其他四个国家的。究其原因，是因为美国新任总统上台后，总体上继承了前任总统将中国定位为"战略竞争对手"的立场，并加强了与盟友的合作，提出建立"民主国家联盟"，以对抗和遏制中国崛起的"威胁"（罗圣荣、赵祺，2021），应对中国—东盟"海上丝绸之路"建设仍将是美国"印太战略"的重点之一（荆学民、李海涛，2014）。

二、英、美、印、加、澳五国英文媒体“海上丝绸之路”新闻报道的关键词分析

本研究以“海上丝绸之路”的英译“Maritime Silk Road”为检索词，利用语料库分析软件 AntConc 3.5.9，以 BNC 关键词表为参照，列出排名前二十的关键词，并进行分析，结果如表 7-2 至表 7-6 所示：

表 7-2　美国媒体报道关键词

排序	关键词	关键性	排序	关键词	关键性
1	China	2926.17	11	year	450.95
2	road	2459.38	12	Singapore	447.05
3	silk	1892.31	13	initiative	404.14
4	economic	591.51	14	development	400.24
5	belt	579.79	15	century	396.34
6	trade	548.54	16	people	376.85
7	Asia	536.83	17	cooperation	353.46
8	world	497.78	18	infrastructure	353.46
9	Quanzhou	454.36	19	south	330.09
10	international	450.95	20	time	310.62

表 7-3　英国媒体报道关键词

排序	关键词	关键性	排序	关键词	关键性
1	China	1884.36	4	maritime	724.97
2	road	1258.6	5	Chinese	623.75
3	silk	836.92	6	new	575.83

续表

排序	关键词	关键性	排序	关键词	关键性
7	trade	533. 26	14	international	304. 46
8	belt	490. 7	15	economic	299. 46
9	countries	474. 74	16	east	283. 55
10	initiative	458. 79	17	infrastructure	283. 55
11	Asia	352. 52	18	world	283. 55
12	global	352. 52	19	first	241. 17
13	investment	315. 37	20	development	230. 58

表 7-4 印度媒体报道关键词

排序	关键词	关键性	排序	关键词	关键性
1	China	4957. 47	11	Pakistan	983. 97
2	India	2672. 88	12	belt	957. 85
3	road	2318. 82	13	port	784. 88
4	silk	1569. 02	14	cooperation	748. 99
5	Chinese	1425. 11	15	new	748. 99
6	Indian	1323. 03	16	initiative	729. 42
7	maritime	1245. 32	17	Asia	700. 07
8	economic	1193. 03	18	development	638. 13
9	countries	1166. 89	19	trade	634. 87
10	ocean	1068. 88	20	world	621. 83

表 7-5 加拿大媒体报道关键词

排序	关键词	关键性	排序	关键词	关键性
1	China	1901. 33	11	international	558. 92
2	road	1794. 8	12	Quanzhou	497. 35
3	silk	1111. 71	13	century	458. 64
4	belt	809. 97	14	initiative	441. 94
5	new	720. 66	15	billion	380. 73
6	maritime	681. 6	16	cooperation	380. 73
7	countries	659. 29	17	one	380. 73
8	trade	652. 82	18	city	358. 49
9	economic	609. 09	19	construction	347. 37
10	Chinese	597. 94	20	development	341. 81

表 7-6 澳大利亚媒体报道关键词

排序	关键词	关键性	排序	关键词	关键性
1	China	1977. 63	11	new	373. 64
2	road	1091. 69	12	initiative	319. 08
3	silk	774. 81	13	infrastructure	300. 91
4	Chinese	665. 26	14	trade	288. 8
5	maritime	610. 52	15	sea	276. 69
6	Asia	513. 26	16	India	240. 4
7	economic	501. 11	17	countries	234. 35
8	belt	488. 96	18	Indian	228. 31
9	south	416. 1	19	Europe	222. 27
10	Australia	410. 04	20	investment	222. 27

由表 7-2 至表 7-6 可以看出，英、美、印、加、澳五国对“海上丝绸之路”的相关报道，高频的关键词均有“silk”“road”“belt”“initiative”“maritime”等词，前两个词为“丝绸之路”英译“silk road”中的两个词语，因此可以得出，英、美、印、加、澳五国媒体倾向于拿“海上丝绸之路”与西汉时期开辟的“丝绸之路”相提并论，或者说拿二者做比较；同时，“21 世纪海上丝绸之路”与“丝绸之路经济带”合称为“一带一路”，而“一带一路”倡议的常见英译为“The Belt and Road” Initiative，因此“belt”这个词也时常出现在五国媒体的报道中。

同时，各国关键词中含有经济建设方面的词汇，如“trade”“economic”“development”“infrastructure”等，因为“海上丝绸之路”倡议是为了促进地区经济发展而提出的，所以相关报道中经济方面的内容不可或缺。

除此之外，英、美、印、加、澳五国媒体报道中还频繁出现国家名（China，India，Australia），地名（Quanzhou），大洲名（Asia，Europe）等，究其原因，“海上丝绸之路”倡议由我国提出，因此各国报道中排名第一的关键词均为“China”。泉州市作为“海上丝绸之路”的起点，自然而然也成为各国媒体报道的重点。“海上丝绸之路”倡议重点在于加强亚洲国家之间的经济文化交流，因此亚洲（Asia）也成为十分重要的关键词。由此可见，英、美、印、加、澳五国媒体对“海上丝绸之路”的报道不仅只注重该倡议本身，还包含了经济与政治层面。

三、英、美、印、加、澳五国英文媒体对“海上丝绸之路”的态度分析

通常情况下，根据一个检索词前后与之相搭配的词汇，往往能看出作者对该词的态度以及想表达的内容。因此，本研究以“海上丝绸之路”的英译“Maritime Silk Road”为检索词，利用语料库分析软件 AntConc3. 5. 9，导入之前收集的英、美、印、加、澳五国有关“海上丝绸之路”的英文媒体报道，查找检索词左右跨距各五位与之相搭配的实词，找出出现频次排名前二十的高频词，并进行分析，结果如表 7-7 至表 7-11 所示：

表 7-7 美国媒体报道高频实词

排序	高频词	出现位置(左)	出现位置(右)	频数(总)
1	silk	15	267	282
2	road	22	255	277
3	century	95	0	95
4	new	25	0	25
5	zone	24	0	24
6	participating	24	0	24
7	China	8	14	22
8	maritime	8	10	18
9	specifically	0	15	15
10	string	1	13	14
11	starting	1	13	14
12	point	13	0	13
13	land	9	3	12
14	Quanzhou	0	11	11
15	channel	11	0	11
16	infrastructure	9	1	10
17	belt	10	0	10
18	area	10	0	10
19	Beijing	1	8	9
20	tonnes	0	8	8

表 7-8 英国媒体报道高频实词

排序	高频词	出现位置(左)	出现位置(右)	频数(总)
1	road	11	67	78
2	silk	2	66	68
3	century	17	0	17

续表

排序	高频词	出现位置(左)	出现位置(右)	频数(总)
4	belt	12	0	12
5	economic	8	0	8
6	countries	6	1	7
7	project	6	0	6
8	colossal	0	5	5
9	China	5	0	5
10	international	0	5	5
11	route	4	0	4
12	regions	3	0	3
13	produce	3	0	3
14	Guangdong	3	0	3
15	gives	3	0	3
16	farm	3	0	3
17	Shanghai	2	0	2
18	Rome	2	0	2
19	restrictions	2	0	2
20	important	2	0	2

表 7-9 印度媒体报道高频实词

排序	高频词	出现位置(左)	出现位置(右)	频数(总)
1	road	35	279	314
2	silk	27	277	304
3	century	114	3	117
4	belt	53	3	56
5	China	27	25	52
6	economic	23	1	24

续表

排序	高频词	出现位置(左)	出现位置(右)	频数(总)
7	initiative	2	17	19
8	project	3	15	18
9	India	6	12	18
10	part	2	9	11
11	sea	9	1	10
12	plan	4	6	10
13	new	9	1	10
14	joint	10	0	10
15	key	6	3	9
16	countries	3	6	9
17	connect	0	9	9
18	Chinese	1	8	9
19	Beijing	6	3	9
20	route	8	0	8

表 7-10　加拿大媒体报道高频实词

排序	高频词	出现位置(左)	出现位置(右)	频数(总)
1	road	15	115	130
2	silk	13	116	129
3	century	81	0	81
4	zone	24	0	24
5	participating	24	0	24
6	belt	21	1	22
7	economic	16	0	16
8	new	13	0	13
9	ancient	10	0	10

续表

排序	高频词	出现位置(左)	出现位置(右)	频数(总)
10	tonnes	0	8	8
11	starting	8	0	8
12	specially	0	8	8
13	reached	0	8	8
14	Quanzhou	0	8	8
15	point	8	0	8
16	played	0	8	8
17	million	0	8	8
18	make	0	8	8
19	leading	0	8	8
20	investment	0	8	8

表 7-11　澳大利亚媒体报道高频实词

排序	高频词	出现位置(左)	出现位置(右)	频数(总)
1	road	2	68	70
2	silk	0	69	69
3	century	23	0	23
4	belt	11	0	11
5	China	4	6	10
6	Indian	6	0	6
7	extension	5	1	6
8	turn	0	5	5
9	sea	2	2	4
10	protected	0	4	4

续表

排序	高频词	出现位置(左)	出现位置(右)	频数(总)
11	prestige	4	0	4
12	must	4	0	4
13	international	4	0	4
14	economic	3	1	4
15	associated	4	0	4
16	south	0	3	3
17	part	1	2	3
18	ocean	3	0	3
19	join	2	1	3
20	initiative	1	2	3

从上表中的高频实词可以看出，美国媒体认为该倡议是新(new)的；同时，他们也意识到，“海上丝绸之路”的重点(specifically)是东盟国家；泉州市(Quanzhou)也成了美国媒体重点报道的对象，因为它是“海上丝绸之路”的起始点(starting point)，也是“海上丝绸之路”连接国外的通道(channel)；“海上丝绸之路”与同为推动亚洲地区合作与发展所提出的“亚洲基础设施投资银行”常常被美国媒体拿来比较，强调二者的共性，即基础设施(infrastructure)建设。可以看出，美国媒体对“海上丝绸之路”的报道较为全面，认识比较清楚。

英国媒体认为“海上丝绸之路”倡议给了沿途国家(countries)充足的机会和渠道(full access)参与其中建设；并且在他们看来，“海上丝绸之路”是一个宏伟(colossal)的、国际性的(international)项目(project)。由此可以看出英国媒体对“海上丝绸之路”倡议持肯定态度。同时，加拿大媒体的高频词与英、美两国区别不大，态度比较积极。

印度作为国情与中国相似的国家，最关心的当然是其切身利益以及中国提出“海上丝绸之路”的意图。印度媒体对“海上丝绸之路”倡议还持有保留态度。同时，他们错误地认为“海上丝绸之路”与“丝绸之路经济带”是一个“富有野心”的计划(ambitious plan)；他们还主观地认为，中国想通过“海上丝绸之路”倡议将全世界与中国的港口连接(connect)起来，担心这只是个让中国从中受益的倡议(Chinese initiative)，而不是会给全世界带来共同发展的共赢性倡议。由此可以看出，尽管我国一直强调“海上丝绸之路”倡议就是希望促进海上互联互通和各领域务实合作，但印度媒体对该倡议仍然持消极态度，存在着怀疑和担忧。虽然“海上丝绸之路”倡议受到了大多数国家的欢迎和支持，但这些依旧无法打消印度媒体的疑虑与担忧。

澳大利亚媒体的关注点与英、美、加三国不同，他们报道了印度的担忧(Indian concerns)以及印度洋(Indian Ocean)周边地区的状况；同时，他们认为“海上丝绸之路”倡议不仅包含东盟国家，还延伸到了世界各地，是在原有“海上丝绸之路”基础上的一种扩展(extension)。此外，澳大利亚媒体认为中国的国际声誉(international prestige)正通过“海上丝绸之路”倡议的推进而不断增长。因为澳大利亚地理位置跟中、印两个国家都比较接近，所以澳大利亚媒体关注点不同，他们更加关注南亚局势、印度对“海上丝绸之路”倡议的反应以及中国不断增长的国际声誉(international prestige)。所以，澳大利亚媒体的关注点与英、美、加三国都不太相同。

四、英、美、印、加、澳五国英文媒体有关“海上丝绸之路”报道标题分析

新闻标题往往是文章内容的高度浓缩，让读者一眼就能看出文章的大致内容。因此，本研究对收集到的英、美、印、加、澳五国媒体新闻报道标题进行分析，将标题分为以下三大类：政治类(标题中涉及的各国名称、领导人姓名、首都、国际关系、影响、国际政治事件等)、经济类(标题中涉及商业、财经、贸易、非政治性事件报道等)以及其他类(标题中包含除以上两种之外的内容)，对这三类的数量与比例进行分析，研究针对“海上

丝绸之路”这一倡议，各国媒体更关注的是政治影响、经济发展还是其他问题。结果如表 7-12 所示：

表 7-12 英、美、印、加、澳五国新闻媒体报道标题分类

类别	政治类	经济类	其他类
数量	307	82	46

由表 7-12 的结果可以看出，政治类新闻标题的数量要远远多于经济类与其他类的数量，这也反映了政治在五国媒体报道中的地位。面对中国提出的“海上丝绸之路”倡议，英、美、印、加、澳五国媒体更关注的是隐藏在经济与发展背后各国的政治较量、国与国之间的关系以及中国影响力不断扩大之后给其他国家带来的影响等，这与中国提出“海上丝绸之路”倡议的最初愿景是不相符的。

五、英、美、印、加、澳五国英文媒体对“海上丝绸之路”内涵的认知

我们以“海上丝绸之路”倡议的英译名“Maritime Silk Road”为检索项，利用语料库软件 AntConc3. 5. 9 提取出英、美、印、加、澳五国媒体共计 435 篇新闻报道中包含该检索词的索引行，然后通过这些索引行的描述来进行分析，并按国别随机各挑选出几篇报道进行详细研究（报道包含对“海上丝绸之路”倡议的看法、论断等内容），以了解英、美、印、加、澳五国媒体对这一倡议的认知程度及其态度。

（一）美国媒体对“海上丝绸之路”内涵的认知

总体来说，美国媒体对“海上丝绸之路”内涵的认知比较片面与消极。他们认为尽管“海上丝绸之路”倡议是一个纯粹的经济策略，但它仍然具有战略意义，认为中国提出“海上丝绸之路”倡议，是为了进一步扩大中国在涉及区域的影响力（“Even if the ‘maritime silk road’ is an exclusively economic strategy, it still would have obvious strategic implications")。由此表明，美国对"海上丝绸之路"倡议的认知很大程度来源于政治方面的考量，对中国的国际地位与声誉十分关注，担心中国的崛起会影响其世界地位。

(二)英国媒体对"海上丝绸之路"内涵的认知

英国媒体先是错误地认为中国政府意图利用"海上丝绸之路"倡议取得"全球领导地位"("... sees this $900bn infrastructure investment project along what Beijing describes as the 'Silk Road economic belt and 21st-century maritime Silk Road' as the path to China's global leadership")，后来逐渐认识到"海上丝绸之路"倡议是亚、欧、非三洲基础设施建设的尝试，是将国与国之间连接的网络，是一项伟大的事业("the 21st-century Maritime Silk Road is an attempt to develop infrastructure through investment in countries across Europe, Asia and Africa, an overarching network of roads that makes passage between countries easier and faster... are a colossal undertaking that will affect connectivity networks in the region and on a global scale")。由此可见，英国媒体对"海上丝绸之路"的态度经历了一个过程，即从对政治意图的猜测，到关注倡议本身的转变。

(三)印度媒体对"海上丝绸之路"内涵的认知

印度媒体对"海上丝绸之路"内涵的认知比较片面与消极。他们更多地表达出了印度对"海上丝绸之路"的担忧以及与中国产生的分歧("Differences also remain on China's ambitious Maritime Silk Road as India has concerns over its impact in the Indian Ocean")，并且对印度能否从"海上丝绸之路"倡议中获益提出了疑虑("Could India gain from joining China's efforts to better connect Asia and Europe, such as the new Maritime Silk Road initiative?")。由此可看出印度对中国提出的"海上丝绸之路"倡议持怀疑态度，错误地认为中国不断扩大的影响力会损害其在印度洋以及亚太地区的利益。同时，对印度能否从中获益也提出了怀疑。

（四）加拿大媒体对“海上丝绸之路”内涵的认知

加拿大媒体认为“海上丝绸之路”是为了促进中国的海洋经济（“This is but one of the elements in the Chinese government's Maritime Silk Road strategic initiative to increase its ocean-based economy”），“海上丝绸之路”在加拿大媒体眼中是为了促进投资和贸易联系（“The province plans a pan-South China Sea cruise line and cruise trips business covering countries along the Maritime Silk Road”, it added）。可以看出，总的来看，加拿大媒体对“海上丝绸之路”倡议的认知比较清楚。

（五）澳大利亚媒体对“海上丝绸之路”内涵的认知

澳大利亚媒体最开始错误地认为中国提出“海上丝绸之路”倡议是为了“保护中国在海外的利益与影响力”，这完全是对“海上丝绸之路”倡议的过度政治性解读（“It underscores China's determination to defend and advance its maritime claims and interests, develop a ‘maritime silk road’ of economic, diplomatic and security links across China's version of the Indo-Pacific, and develop the capabilities to protect its growing overseas presence”）。在“海上丝绸之路”倡议提出近五年后，澳大利亚媒体开始正视该倡议带来的经济利益，包括更多的发展和入市机会（“The BRI involves the construction of land routes（Silk Road Economic Belt）and sea routes（21st Century Maritime Silk Road）that will provide global economic opportunities, including access to markets, through faster, more secure and more affordable transportation”）。综上所述，澳大利亚媒体对“海上丝绸之路”倡议的认知经历了一个过程，从模糊不清，到猜测其背后的政治含义，再到正视其带来的经济利益，逐步认清了该倡议的本质。

第六节　结　语

本书采用语料库方法，以批评话语分析为理论，研究了“海上丝绸之路”倡议在英、美、印、加、澳五国的传播与接受情况。研究发现，对于“海上丝绸之路”这一着眼于经济建设、加强各国交流合作的倡议，美国、印度、澳大利亚媒体更加关注的是倡议背后的政治意义。

自 2013 年“21 世纪海上丝绸之路”倡议提出以来，除了 2020 年左右因新冠疫情及美国总统大选等热点影响了热度以外，各国媒体对该倡议的关注日益密切，总体呈上升的趋势。其中的原因少不了我国国际地位的提升、国际影响力的扩大以及“海上丝绸之路”倡议已经取得的有目共睹的成就。

就英、美、印、加、澳五国媒体报道态度而言，美国媒体对“海上丝绸之路”倡议报道态度比较消极；英国、加拿大两国媒体对“海上丝绸之路”倡议态度积极，两国媒体更加关注的是该倡议能否为其带来利益与发展；澳大利亚媒体更加关注“海上丝绸之路”倡议对南亚地区带来的影响；印度媒体对“海上丝绸之路”的报道则是消极大于积极。

可以看出，经过十年的实践，“海上丝绸之路”倡议逐渐得到了国际的认可与支持。我们还需要拿出更多实际行动，取得更多令人瞩目的发展成就，积极主动地在国际间开展互信合作，吸引更多国家加入，全心全意地投入“海上丝绸之路”的建设。同时，中国媒体也需要进一步宣传“海上丝绸之路”及其建设所取得的成就，为我国在国际社会留下一个正面积极的大国形象。

第八章

基于语料库的“中国制造 2025”英译在英、美等国的传播与接受研究

第一节 引 言

随着中国国力的增强，中国在国际上的地位日益凸显，全世界开始聚焦中国的一举一动，构建中国在国际上的形象也愈发重要。政治话语作为对外传播的途径之一，涉及中国政府的方针、政策、决策、领导人讲话等，是政府所使用的权威、正式用语，对构建国家形象起着十分重要的作用。但政治话语翻译往往是复杂的，因为这不仅要符合中国特色大国外交话语的要求，又要使国际社会理解认可。所以，在构建政治话语体系的过程中，我们要以国外读者喜闻乐见的方式、简洁易懂的语言来阐述中国思想和传递中国声音，塑造中国的大国形象，提升国际话语权。在翻译政治话语的过程中，我们还要掌握主动权，打破西方文化的话语霸权，彰显中国文化和话语地位。“中国制造 2025”与中国经济息息相关，有利于推动各国加强经济合作、实现互利共赢。

2014 年 12 月，“中国制造 2025”这一概念被首次提出。2015 年 3 月 5 日，时任国务院总理李克强在全国“两会”上作《政府工作报告》时首次提出“中国制造 2025”的宏大计划。2015 年 5 月 19 日，国务院正式印发《中国制造 2025》。文件指出：“制造业是国民经济的主体，是立国之本、兴国之器、强国之基。”只有发展制造业，才能使国家和民族更加强盛。制造业在国际上拥有强大的竞争力，是我国提升综合国力、保障国家安全、建设世界强国的必由之路。抓住科技革命和产业变革这一历史机遇，实现中国制造由大变强。这与德国的“工业 4.0”和美国的“先进制造业计划”以及英国的“工业 2050”一样，旨在推动传统制造业转型升级，实现创新发展、全面智能化的高端制造业。中国作为一个制造大国，与世界各国的经济利益紧密相联，国内外媒体热切关注，并进行了大量的详细报道，关于“中国制造 2025”英译并未完全统一，这一术语主要译为“Made in China 2025”和“China Manufacturing 2025”。而本书也将以这两个译名为检索项，提取相关语料进行研究，分析“中国制造 2025”英译名的应用趋势和特征。

第二节　文献回顾

改革开放以来，中国加强了政治、经济、文化等方面的对外交流，中国的对外传播随之大量增加，由此，翻译变得越来越举足轻重，而政治话语翻译更是讲好中国故事的窗口。朱晓敏和曾国秀通过现代汉语政治文本的隐喻模式，利用平行语料库软件总结出了汉语政治文本的隐喻翻译策略(朱晓敏、曾国秀，2013)。黄友义等指出要重视党政文献对外翻译，增强政治话语对外翻译传播是回应国际关切、引导国际话语的迫切需要，要为对外传播提供良好保障就要高度重视政治话语翻译和翻译人才的培养和使用(黄友义等，2014)。窦卫霖认为翻译会影响时政话语的对外传播效果，而影响英译时政话语接受程度的四项因素分别为：(1)外国受众对中国时政话语的意义理解分散。(2)不符合目的语习惯表达的对外翻译会影响理解。(3)对实际国情了解匮乏造成目的语者理解偏离。(4)意识形态差异是影响受众理解中国政治术语的重要原因。(窦卫霖，2016)张荃馨通过分析“中国关键词”的英译发现英语国家受众的思维、自身语言习惯、社会语境接轨程度、哲学和人文关怀程度、政治语篇的适应程度决定了他们对具有中国特色关键词翻译的理解和接受程度，得出了要增进对英语国家受众的了解，重视不同国家语言之间的差异的结论(张荃馨，2017)。谢莉和王银泉(2018)认为政治话语翻译强调必须精准把握词语的语境和内涵，认为长期以来，中国形成了自己独有的具有中国特色的政治话语，因此中国政治话语具有高度归纳概括性、时代鲜明性、涵盖全面性和语言大众性的特点，这些特点使得翻译复杂而困难。刘润泽(2019)等以“一带一路”话语传播为例，通过自建的有关“一带一路”政治话语语料库对比分析研究发现了相关核心术语的翻译传播明显地体现了具有认知修辞本质的“术语滤网效应”，并对政治术语翻译策略作出了反思，认为当下对外传播者需要增强术语意识及术语能力。

另外，胡开宝(2017)认为，关于中国形象的现有研究还不够客观，也不够全面，要充分利用语料库在文本方面的技术优势，将定性和定量方法、描写和解释方法相结合，从具体语言结构应用的规律性特征入手，揭示具体文本所构建的中国形象，并依据批评话语分析、形象学和传播学等有关理论，从文本层面和意识形态层面探讨中国形象形成的内在原因，分析如何在符号层面塑造中国形象。随后，胡开宝(2018)以自建的涉华新闻语料库为研究平台，系统地分析了我国重要外交词汇“一带一路”在英国、美国和印度等国主流媒体中的应用与传播的趋势和特征，研究发现“Belt and Road”这一英译名使用率较高。胡开宝(2019)采用语料库方法，研究中国梦的内涵，以及其英译在英、美两国的传播和接受，研究发现，在中国梦的不同译名中，“Chinese Dream”译名更为英国和美国主流媒体所接受。

由此可以看出在对外传播中，政治话语翻译的重要性不言而喻，只有占据主导权，关注国际形势、克服困难、总结翻译策略，才能更有力地传播中国声音。本书将以自建西方媒体涉华报道语料库为研究平台，分析“中国制造 2025”英译在英、美等国主流媒体的应用趋势和特征，探讨“中国制造 2025”这一术语在英、美等国传播与接受的特征和趋势。

第三节　研究设计

一、研究语料

本书的研究语料选自自建西方媒体涉华报道语料库，该语料库中的语料来源于英国《金融时报》、《卫报》、美国有线电视新闻网(CNN)以及美国全国广播公司财经频道(CNBC)。选取了 2015 年 5 月至 2020 年 4 月的报道语料，以“中国制造 2025”的英译名“Made in China 2025”和“China Manufacturing 2025”为检索词，提取包括这两个检索词的有关报道。

二、研究问题

本研究将回答以下三个问题：

(1)“中国制造 2025”英译在英、美等国传播与接受的趋势和特征是什么？

(2)英、美等国家主流媒体如何看待“中国制造 2025”？

(3)英、美等国主流媒体如何解读“中国制造 2025”的内涵？

三、理论框架

本书将采用语料库方法，依据批评话语分析理论，分析中国关键词“中国制造 2025”英译在英、美等国的传播与接受。批评话语分析(Critical Discourse Analysis)是由 Fowler(1979)等人在《语言与控制》一书中提出的话语分析方法，旨在揭示社会、政治和文化背景下的话语建构和话语权力的运作机制。近年来，批评话语分析发展迅速，得到语言学家的重视，产生了与其相关的丰富研究成果。廖益清认为批评话语分析主要论述三个问题：(1)话语和意识形态。所谓的意识形态是指人们安排和证明自己生活的方式。(2)话语、控制和权势。语言是交际的工具，也是控制的工具。权势在批评话语分析中起着重要作用。(3)话语与社会。语言的使用存在于社会语境之中。(廖益清，2000)批评性话语分析将语言看作一种社会实践，将语言和权力的关系作为重点，着重对滥用社会权力和不平等性在社会政治环境中是怎样通过语言来实现的展开研究(徐鹰、武建国，2013)。批评性话语的研究领域和研究对象涉及各个门类，对社会和话语研究影响深远。

语料库批评译学依据批评话语分析的理论原则和话语分析方法，深入、系统地分析意识形态与翻译之间的互动关系(胡开宝，2017)。胡开宝(2018)等指出，一个国家、政府或政党形象可以通过词汇或语法结构的应用来再现。因此，他们认为可以利用语料库技术将相关国家、政府或政党名称作为检索项，提取所有包含这些名称的语句，分析这些词汇的前后搭配，尤其是评价性修饰语，并基于此描写这些国家、政府或政党的形象。依据批评译学或批评话语分析的相关理论和原则，从具体翻译活动的社会文化语境入手，分析翻译文本语言特征及翻译策略和方法应用特征背后的政治因素，探讨这些特征与译者所处社会的主流意识形态或政治信仰之间的关系。

四、研究步骤与方法

首先，我们以“中国制造 2025”的常用英译名“Made in China 2025”和“China Manufacturing 2025”作为检索项，对自建西方主流媒体涉华新闻语料库中的新闻语料进行检索，提取含有“中国制造 2025”英译名的英、美等国新闻报道以及包含这些译名的语句，分析“中国制造 2025”英译名在国外的传播与接受情况。

其次，我们以英、美两国主流媒体的新闻语料为研究对象，深入分析与“中国制造 2025”英译名搭配的高频实义词汇，了解英、美等国对“中国制造 2025”的态度及其背后的意识形态。

最后，我们以“中国制造 2025”英译名作为检索项，提取英、美等国新闻语料中含有这些译名的所有索引行，由此探索英、美等国主流媒体对“中国制造 2025”的内涵的理解。

第四节　结果与讨论

一、"中国制造 2025"英译在英、美等国媒体新闻报道中的应用趋势与特征

我们以"中国制造 2025"的不同英译名为检索项，收集 2015 年 5 月—2017 年 12 月和 2018 年 1 月—2020 年 7 月这两个时间段内英、美等国新闻语料中含有全部英译名的句子，统计英译名的应用频数，如表 8-1 所示：

表 8-1　"中国制造 2025"不同英译名的应用频数

"中国制造 2025"英译名	2015 年 5 月—2017 年 12 月			2018 年 1 月—2020 年 7 月			合计
	美国	英国	小计	美国	英国	小计	
Made in China 2025	34	4	38	160	29	189	227
China Manufacturing 2025	12	0	12	0	0	0	12
总计	46	4	50	160	29	189	239

从以上分析可以看出，"中国制造 2025"英译名的总频数为 239 次，2015 年 5 月—2017 年 12 月频数为 50 次，2018 年 1 月—2020 年 7 月频数为 189 次。毫无疑问，"Made in China 2025"英译名为英、美媒体所接受，而"China Manufacturing 2025"英译名仅有 12 例，由此可见"Made in China 2025"是英、美媒体所接受的译名，原因是"美国制造"的译名为"Made in America"，而"Made in China 2025"与"Made in America"都是"Made in +国名"，两者都是"过去式+介词+名词结构"，更为英、美媒体所认同。关于"中国制造"的中国官方文件皆采用"Made in China"英译名，因为这一译名

既能说明产品的产地，又成了国家品牌形象的一部分，“中国制造2025”采用“Made in China 2025”英译名成功地达到了对外传播效果。

由频数可知美国比英国报道更多，显然美国更加关注“中国制造2025”。在2015年5月—2017年12月英、美两国媒体报道仅为50次，而到2018年1月—2020年7月报道频率变高，这是因为2015年刚提出“中国制造2025”时还未引起国外媒体的注意，到了2018年才被频繁报道，2018年是中国改革开放四十周年，印度《经济时报》和德国《商报》等国外主流媒体对中国改革开放四十周年进行了高度评价和赞誉。此外，2018年11月5日，首届中国国际进口博览会在上海开幕，中国这一扩大对外开放的举措成为了外国媒体报道的焦点。同时，中国华为技术有限公司发布了5G的第一个商用版本，“中国制造”再次引起广泛关注。

二、英、美两国媒体对“中国制造2025”的看法

以“Made in China 2025”为检索项，分别在英、美两国的语料库里检索，跨距设为10，选取与“中国制造2025”搭配的前十个搭配实词。美国、英国报道语料库的检索结果如表8-2和表8-3所示。

表8-2 与“中国制造2025”英译搭配的前十个实词(美国)

排序	搭配实词	频数
1	its	45
2	China	42
3	Beijing	27
4	government	19
5	Chinese	16
6	said	13
7	called	13

续表

排序	搭配实词	频数
8	country	10
9	semiconductors	9
10	initiative	8

表 8-3　与“中国制造 2025”英译搭配的前十个实词(英国)

排序	搭配实词	频数
1	its	7
2	China	6
3	Chinese	5
4	part	5
5	president	4
6	US	2
7	economy	2
8	trade	2
9	plan	2
10	made	2

从表8-2可以看出与“中国制造2025”英译搭配的高频实词中，“its”一词出现的频数最高，“its”在文中多指代中国为“中国制造2025”所做出的一系列行动，中国为此投入了大量资金，美国媒体认为中国所做的一切努力都是为了减少对外国技术的依赖（shed its dependence on foreign technology — known as “Made in China 2025”）。“China”一词出现的频数仅次于“its”。“China”一词的多次出现都与美国有关，美国媒体认为美国对“中国制造”相当重视，并且认为中国将成为机器人、生物技术和航空航天

等十大领域的全球领导者(China is committed to a ＄300 billion "Made in China 2025" development plan that would make it a global leader in ten categories, including robotics, biotech and aerospace),同时担忧中国技术崛起(the US government wants China to rein in government subsidies for policies like "Made in China 2025")。美国媒体分析"Beijing"通过限制燃烧汽油和柴油的汽车来升级中国的制造业以跟上全球竞争的步伐(China wants to ban gas and diesel cars Beijing is doubling down on the industry)。"government"和"Chinese"指代中国政府。"said""called""country"和"initiative"等词汇都指向中国的"中国制造 2025"计划,美国媒体对此进行了诸多报道。"semiconductors"出现的频数有 9 次,美国主流媒体认为半导体是"中国制造 2025"计划的关键领域(Semiconductors are a key area of Beijing's "Made in China 2025" plan)。

"its"和"plan"在英国媒体报道里均指向"中国制造 2025"计划。英国主流媒体里"China"一词的频数居于第二,英国媒体认为"中国制造 2025"计划的目的是推动高端制造业的发展(As part of the "Made in China 2025" plan to advance high-end manufacturing),其认为电动汽车的到来将作为"中国制造 2025"计划的一部分,推动高端制造业的发展。"part"出现的频数为 5 次,分别指向作为"中国制造 2025"计划一部分的电动汽车、清洁能源技术和人才引进等,这些都是"中国制造 2025"计划的关键领域或条件。

三、英国与美国主流媒体对"中国制造 2025"的内涵的理解

(一)英、美两国媒体对"中国制造 2025"的认知

英国和美国主流媒体分析认为"中国制造 2025"是中国政府想要提高制造业水平的一项计划,中国为发展制造业投入了巨额资金,尤其是半导体(semiconductors)、人工智能(artificial intelligence)、机器人(robotics),生物技术(biotech)及航空航天(aerospace)等领域。自 2015 年《政府工作报告》中首次提出"中国制造 2025"的宏大计划后,"中国制造 2025"一直是中

国关键词之一。而在英国、美国主流媒体报道里“China”“Beijing”“government”“Chinese”“president”等高频词多次出现，这些词均与“中国制造 2025”有关，其认为中国决心大力发展制造业，在经济上实现飞跃。2016 年 1 月 27 日，时任国务院总理李克强主持召开国务院常务会议时谈到要加强国际创新合作，推动“中国制造 2025”与德国“工业 4.0”等紧密合作，相互学习、优势互补。中国在高端制造业方面也可多与国际方面加强交流与学习。英国媒体在报道中指出中国希望使“中国制造 2025”计划成为“双赢”，但美国媒体把中国视为对手和威胁。实际上，“中国制造 2025”一直以来都是公开、透明、开放的。中国企业亦愿同各国企业加强交流互鉴。“中国制造 2025”也将为其他国家的企业带来发展机遇、提供巨大市场。美国等西方国家通过遏制“中国制造 2025”来阻碍中国经济发展是不可取的。只有你超我赶，优化产业结构、刺激发展、激发市场活力才能迈入制造强国行列。

(二)英、美两国媒体对“中国制造 2025”的曲解

英、美主流媒体对“中国制造 2025”虽有所肯定，但多持消极态度，报道多涉及中美关系(President Trump has made technology a key battleground in U. S. relations with China)，尤其是美国媒体错误地认为中国的这项计划会威胁到美国的利益。美国的这些言论无非就是为了让其在国际上保持自己的竞争优势，阻碍中国赶超美国。事实上，中国拥护自由贸易和全球化，支持公平贸易和公平竞争，并且为此作出了贡献。我国一直呼吁世界各国领导人通力合作，共同携手创造一个更美好的世界，为各国人民带来更好的生活。由此可以看到中国一直以来都秉持着互利共赢的理念，所以毋庸置疑，英、美主流媒体的担忧和防备是多余的。

第五节 总 结

本书以“中国制造 2025”在英、美等国主流媒体的新闻报道语料库为研究平台，采用语料库方法，全面深入地研究“中国制造 2025”英译在英、美等国的传播与接受，通过研究发现，英、美主流媒体偏向于应用“Made in China 2025”这一英译名，这一概念在英、美等国得到了广泛传播。“中国制造 2025”在西方媒体的不同解读下，传递的价值也是不同的。英国和美国主流媒体更多的是对“中国制造 2025”的担忧，认为这一计划会对西方国家经济产生威胁。可以看出英、美主流媒体所做的相关报道传递给读者的信息是巨大的，读者很容易被媒体的信息所影响，其所做的相关负面报道在一定程度上损害了中国的国际形象。同时，也不利于“中国制造 2025”计划在国外的传播与接受。英、美媒体反复强调“中国制造 2025”计划会使中国引领全球技术，掌控核心技术，对美国和中国因技术产生的冲突也做了很多报道，这会误导西方读者，势必使他们对中国产生误解。为此，中国在对外传播时为避免产生误解，应给予我们国家的政策及出台的相关文件更加清晰明了的阐释，让更多国家的民众对中国有一个全面、理性的认识，为我国经济的高质量发展铺平道路。

第九章

基于语料库的“上海合作组织”英译在英、美、印等国的传播与接受研究

第一节 引 言

2021年是上海合作组织成立20周年，在20周年之际，上海合作组织以其在国际多边合作体系中越来越突出的地位，秉承“上海精神”，建立了高效、平等的伙伴机制，不断推进全球进程，为成员国发展提供了重要平台。上海合作组织在会议中指出，单边主义等因素不断影响世界经济，阻碍经济的可持续增长。资源枯竭、气候变化、金融危机等风险日益突出，应注意这些风险对社会发展的重要影响。在此环境下，上海合作组织对保障地区安全，促进世界经济发展，共同构建清洁、安全、和平的世界具有重要作用。

20年来，上海合作组织在维护地区和平、反恐、促进地区经济发展、加强成员国间的睦邻友好与相互合作等方面作出了很大贡献。中国一直将发展上海合作组织作为工作重点，在政治合作方面贡献突出。然而，仍有许多国家对上海合作组织以及中国与上海合作组织之间的关系有片面的认识。因此，本研究的目的在于通过对英、美、印等国媒体有关上海合作组织的报道进行分析，研究其对上海合作组织的认知与态度，揭示各国媒体对上海合作组织的认知以及背后存在的影响因素。

第二节　文献回顾

近年来，国内已有不少学者做过政治话语翻译方面的研究和讨论。窦卫霖(2016)对政治话语翻译提出了独到的见解，他认为由于外国受众对中国政治术语含义理解不准确、我国政治话语翻译不符合目的语习惯表达等多种因素影响着政治术语英译的接受度，其中影响政治术语对外传播与接受的因素主要是意识形态。因此，他提出了“以我为主、重视差异、不断强化、逐渐接受”的传播策略。李学军(2017)重视政治话语翻译的准确性和真实性，认为政治话语翻译跟其他文体翻译一样，一定要对政治话语的内涵进行充分理解，政治术语翻译要求翻译的准确性和忠实性，需要做到“信达雅”，以便译文能忠实于原文并具有准确性。我国的外宣翻译主要是相关中央文献的翻译，其中有大量的政治术语出现，政治术语包含了我国的一些重要政治策略和理念，具有重要的指示作用，我国虽在政治文献翻译和研究论坛方面取得了较大的进展，但在翻译质量上还是有待进一步提高。

此外，部分学者对中国政治话语的传播也进行了深入的研究。胡开宝等(2019，2020)利用自建语料库，系统地分析了我国重要外交词汇“中国梦”和“中国特色社会主义”在西方主流媒体中的应用与传播的趋势和特征，研究发现，各国媒体对上述两个术语的英译名更加倾向于“Chinese Dream”和“socialism with Chinese characteristics”。自正式提出以来，“中国梦”和“中国特色社会主义”这两个概念通过不同传播渠道在英、美等国主流媒体中得到了有效传播，西方国家多持中立或肯定的态度，但也存在一定程度的误解。刘鼎甲(2022)通过共时研究对国家形象与话语体系的建构进行深入剖析，他认为共时研究以点带面，能够很好地讲好中国故事，让中国话语走出去，提升国家软实力，构建一个良好的国家形象与话语体系。他结合新闻学和批评话语分析的历时角度，描述话语内部意识形态的历时演变性、话语的劝说性及其社会操纵对政治、权力和意识形态在历时维度上的影响。再将批评话语分析理论与语料库的“用法波动分析法(Usage Fluctuation Analysis，UFA)”相结合，考察“中国梦”在时间维度上的语义变化。

然而，现有的对中国政治话语英译传播与接受的研究深度和广度还不够，尚未有学者对“上海合作组织”这一术语的英译在西方国家的传播与接受情况进行研究。鉴于此，本书将运用语料库方法对“上海合作组织”在英、美、印等国的传播与接受情况进行考察，并从批评话语分析的角度对话语内部意识形态的历时演变性及其社会操纵对政治、权力和意识形态在历时维度上的影响进行分析。

第三节　研究设计

一、研究语料

本书的研究语料选自自建西方媒体涉华新闻报道语料库，语料来源于COCA语料库与NOW语料库。选取了2001年6月至2021年12月31日这一时间段英、美、印三国主流媒体关于“上海合作组织”的新闻报道。

二、研究问题

本研究将回答以下三个问题：

(1)英国、美国、印度三国媒体有关“上海合作组织”的报道有何历时趋势，包含哪些话题？

(2)英国、美国、印度对“上海合作组织”的认知和态度是什么？

(3)自“上海合作组织”成立后，英国、美国、印度主流媒体报道的舆论有何演变趋势？背后存在的政治和社会文化等因素有哪些？有哪些异同点？

三、理论框架

本研究将批评话语分析与语料库方法相结合，从批评话语分析的历时角度，对话语内部意识形态的历时演变性及其社会操纵对政治、权力和意识形态在历时维度上的影响进行分析。批评话语分析(Critical Discourse Analysis)是当代语言学研究的一个分支，是由Fowler等学者在1979年出版的《语言与控制》一书中提出的话语分析方法。在批评话语分析中，批评是一个重要的概念。批评理论的目的在于帮助“牢记”那些容易忘掉的“过去”，谋求解放和阐述解放斗争的理由。因此批评一方面在于揭示社会的“不平等”，另一方面在于改变这些不平等(Wodak，2001：9)。而van Dijk

(2005)认为批评理论被广泛用于分析话语中权力与意识的动态关系与多重建构性，旨在对话语和意识形态、社会结构和权力之间的作用和反作用进行讨论。批评话语分析是一种致力于语言、权力和意识形态之间关系的研究框架(邵斌、回志明，2014)，旨在揭露意识形态对话语的影响、话语对意识形态的反作用，以及两者是如何源于社会结构和权势关系，又是如何为之服务的(丁建新、廖益清，2001)。通过批评话语分析理论研究政治术语、外交术语等在国外的传播与研究，可以很好地体现出话语翻译对政治、权力乃至意识形态的影响，加之语料库与之结合，可以根据数据客观地进行分析，理性客观地看待政治术语的传播与影响，是一种更加客观的研究方法。

四、研究步骤与方法

(1)本研究通过对2001—2021年英、美、印媒体中“上海合作组织”相关报道进行检索，对各国媒体在时间维度上的新闻报道频率进行历时统计。

(2)从历时维度考察并对比分析各国媒体有关“上海合作组织”报道中持续关注的和短暂兴起的话题等。

(3)使用Antconc检索自建语料库，以“上海合作组织”英译作为核心节点，选取跨距为8L~8R的搭配，依据批评话语分析理论，分析“上海合作组织”英译名搭配的高频实义词汇，揭示英、美、印主流媒体对“上海合作组织”的态度和其背后的意识形态。

(4)深入挖掘各国主流媒体对“上海合作组织”的认知。

第四节　结果与讨论

一、英、美、印三国媒体有关“上海合作组织”的报道的历时趋势

本书选取 2001 年 6 月 15 日上海合作组织正式成立的时间作为起始时间，以上海合作组织英译名“Shanghai Cooperative Cooperation”为检索词对语料库进行检索，提取出“上海合作组织”在各国历时维度上的报道篇数进行分析，结果如表 9-1 所示。

表 9-1　各国媒体“上海合作组织”报道篇数历时统计

年份＼国家	美国	英国	印度	年份＼国家	美国	英国	印度
2001	1	0	0	2012	7	1	1
2002	2	0	0	2013	5	0	3
2003	3	0	0	2014	14	0	5
2004	2	0	0	2015	12	0	13
2005	2	0	0	2016	12	1	39
2006	2	0	0	2017	6	1	29
2007	4	0	0	2018	9	2	38
2008	4	0	0	2019	14	2	42
2009	5	0	0	2020	21	2	34
2010	5	2	1	2021	54	6	36
2011	7	0	1	总计	191	17	242

表 9-1 显示，自“上海合作组织”成立以来，20 年内美国报道规模呈现出显著的特征。截至 2021 年年底，“上海合作组织”在三国媒体中进行了广泛的传播和报道。2001—2006 年，美国对上海合作组织报道篇幅仅有 1~3 篇，只在讨论美国对中亚的战略部署中提及，由此可看出当时美国媒体对上海合作组织还不太重视。2007 年，美国意识到上海合作组织对政治、经济与安全方面的影响力与日俱增，因此在 2007—2010 年，报道篇幅增长至 5 篇。2011 年为上海合作组织成立 10 周年，中国与俄罗斯的合作使得两国经济显著增长，归根结底在于两国皆是上海合作组织成员国、金砖国家，在经济、政治等领域有着广泛的合作，因此美国逐渐重视上海合作组织。表 9-1 显示，美国自 2017 年起，报道的数量增加趋势明显，2021 年报道数量激增，原因在于，自 2017 年起，美国媒体认为上海合作组织旨在取代美国主导的里约集团，且上海合作组织发展越来越快，加入上海合作组织的成员国也越来越多，各国经济不断增长。同时，上海合作组织在维护地区和平、经济政治、军事发展以及打击恐怖主义、极端主义等方面取得重大成就，因此美国更加重视上海合作组织，担心该组织对其构成威胁。而 2021 年上海合作组织成立 20 周年，联合国加强与上海合作组织的合作。除此之外，单边主义和保护主义的抬头、气候变化等受到各国关注，上海合作组织对此提出了有效的应对措施，以及在阿富汗的问题上对美国的批判，也是 2021 年报道数量最多的原因。由于印度于 2015 年加入上海合作组织，因此，2015 年印度媒体对上海合作组织的报道上升趋势明显，且报道数量较多，2016 年报道数量激增，印度在加入上海合作组织后，在政治、经济以及军事领域都有了显著的发展，积极参与各项活动，也对上海合作组织持有积极态度，因此报道数量较多且比较稳定。英国媒体虽报道数量较少，但报道量一直处于上升趋势。自 2014 年起，各国报道总数大致呈上升趋势。由数据可知，2021 年，各国新闻报道数量较多，因为 2021 年上海合作组织成立 20 周年，上海合作组织成员国经济增长规模不断扩大，且阿富汗的“地区性”安全问题不断受到各国重视。报道的数量和“上海合作组织”出现的频次均逐渐增加，表现出各国媒体对“上海合作

组织”一定程度上的重视，体现了上海合作组织在国际上的地位越来越重要。

此外，美、英、印三国媒体报道的趋势存在一定的差异。根据统计数据，从报道的篇数来看，印度的报道数量最多，为 242 篇；其次为美国，为 191 篇，英国最少，为 17 篇。从此数据可以看出，印度作为上海合作组织的一员，对上海合作组织的报道关注较多，尤其是加入上海合作组织后，报道数激增。上海合作组织发展越来越快，在国际上的影响力也越来越大，阻碍了美国在中亚地区的扩张，因此美国对上海合作组织的关注也越来越多。

二、英、美、印三国媒体对“上海合作组织”的认知与态度

(一) 英、美、印三国媒体对“上海合作组织”的态度

我们以“上海合作组织”英译名“Shanghai Cooperative Cooperation”为检索项，提取英、美、印三国主流媒体关于上海合作组织新闻报道中的所有索引行，分析这些索引行的态度倾向，具体结果如表 9-2 所示。

表 9-2　英、美、印三国媒体对“上海合作组织”的态度

态度	积极	消极	中立
英国	10/17 58.82%	3/17 17.65%	4/17 23.53%
美国	87/191 45.55%	61/191 31.94%	43/191 22.51%
印度	183/242 75.62%	42/242 17.36%	17/242 7.02%

表 9-2 显示，英、美、印三国媒体对上海合作组织基本上持积极态度，表示中立和积极态度等倾向的索引行占所有索引行的比例均达到 65%以

上，印度媒体和英国媒体都超过了80%。相比较而言，印度主流媒体的态度最趋于正面，表示中立和积极态度倾向的索引行所占比例高达82.64%；而美国主流媒体的态度最趋于负面，表示消极的索引行所占比例为31.94%，表示积极的索引行所占比例为45.55%，也不超过半数，对上海合作组织的三种态度比例比较平均。英国主流媒体的积极态度与消极态度占比(58.82%和17.65%)均居于美国和印度之间，中立态度为23.53%，占比居三国首位。

(二)英、美、印三国媒体对“上海合作组织”的认知

根据分布语义学的观点(Harris，1954)，搭配是与核心词共现的词汇。搭配不仅可以反映词汇在特定语境中的用法，且核心词在不同时期文本中的搭配也可反映词汇使用的变迁(刘鼎甲，2022)。为此，我们以“Shanghai Cooperative Cooperation”为节点词，通过其前后搭配的词汇，分析英、美、印三国媒体对“上海合作组织”的认知和态度。

我们利用Antconc软件，对三国媒体报道语料进行检索，得到与“Shanghai Cooperative Cooperation”搭配的实词，结果如表9-3所示。

表9-3 与“上海合作组织”英译搭配的前15个实词

美国		英国		印度	
序号	搭配	序号	搭配	序号	搭配
1	organization	1	cooperation	1	cooperation
2	cooperation	2	organization	2	organization
3	SCO	3	SCO	3	SCO
4	Asia	4	stories	4	summit
5	China	5	China	5	meeting
6	meeting	6	report	6	member
7	Russia	7	Shanghai	7	India
8	security	8	presents	8	states

续表

美国		英国		印度	
序号	搭配	序号	搭配	序号	搭配
9	BRICS	9	summit	9	BRICS
10	India	10	members	10	China
11	summit	11	Moscow	11	regional
12	economic	12	establishment	12	security
13	countries	13	BRICS	13	Russia
14	collective	14	regional	14	multilateral
15	India	15	security	15	economic

根据表 9-3，从 2001 年 6 月 15 月至 2021 年 12 月 31 日，与“上海合作组织”英译搭配的高频实词中，前三位都是“organization”“cooperation”“SCO”，除去“上海合作组织”的英译名，“China”的搭配度较高，其次，“Russia”“summit”和“meeting”搭配度也比较高，从数据中可以很明显地看出中国与俄罗斯对上海合作组织的影响与作用，以及各国媒体对上海合作组织举办的峰会(summit)比较关注。各国报道中的话题既包含了积极意义的搭配，也包含了中性和消极意义的搭配。

1. 美国媒体对“上海合作组织”的认知

根据表 9-1，2001—2006 年，美国对“上海合作组织”只有零星关注，报道多为 1~3 篇。早期，美国对上海合作组织的认知仅限于其为打击恐怖主义、极端主义、分裂主义的组织，而随着上海合作组织的不断发展壮大，美国才逐渐对这一组织重视起来。

接着我们抽取了与“Shanghai Cooperation Organization”搭配度较高的两个国家名“China”以及“Russia”的索引行，结果显示，“dominate”“lead”两词出现频率最高。由此可知，美国媒体对“上海合作组织”的认知中，最主要的是“上海合作组织”由中国和俄罗斯主导(China and Russia dominated Shanghai Cooperation Organization)。美国媒体认为，中国利用上海合作组织通过政治对话和军事演习来提升在中亚的地位，主要目的是削弱美国在该地区的影响力(China has used the Shanghai Cooperation to boost its standing in Central Asia)。随着俄罗斯与中国和印度的贸易往来越来越密切，加之俄罗斯加入了上海合作组织，美国与俄罗斯之间的矛盾逐渐激化(Russia increasingly exists outside of an American-led system)。

除此之外，“BRICS”“India”与“CSTO”均多次出现。通过对其索引行进行研究，我们发现，美国媒体认为金砖国家(BRICS)与上海合作组织已逐渐成为美国领导的全球体系外另一个重要的国际组织，且两组织的成员国均有中国、俄罗斯与印度(India)，在削弱美国主导的国际体系方面，三个国家利益相同，促进了相互之间的合作。印度在早期与美国交好，与上海合作组织保持距离，但随着上海合作组织和中印两国关系的不断发展，印度最终选择加入上海合作组织。因此，在美国的媒体报道中常将金砖国家与上海合作组织联合报道。对于“CSTO(集体安全条约组织)”，美国媒体提到由中国主导的上海合作组织(SCO)和由俄罗斯主导的集体安全条约组织(CSTO)互相竞争，而俄罗斯在中亚安全体系中的影响力仍然很大，中国不愿与之竞争，因此上海合作组织的效果并不显著。从这一部分可以看出，美国媒体对中国与上海合作组织的看法只是片面的，上海合作组织谋求自身发展是一方面，另一方面也促进了地区经济、社会等全面发展，不断提高各国人民的生活水平。由此可以看出，美国媒体对上海合作组织的关注更多在于中国，他们错误地认为中国借上海合作组织来发展自己，在中国不断强大的背景下，美国希望借助印度等中国的邻国来对中国进行制裁，然而事实并不如意。

从“security”“regional”“economic”的高频出现可以看出，上海合作组织作为地区性安全组织(regional grouping like the Shanghai Cooperation Organization)，旨在维护和加强地区和平(regional security)、安全(security)与稳定，共同打击恐怖主义(terrorism)、分裂主义和极端主义；促进地区经济(economy)、社会(society)、文化(culture)全面发展。由此可以看出，美国也越来越认识到，上海合作组织对国际体系的影响力不断扩大，开始警惕。不过，从另一方面来看，美国媒体也在逐渐肯定上海合作组织在维护地区安全(regional security)稳定、打击恐怖主义(combat terrorism)、促进各国发展等方面作出的贡献。2015年，部分美国媒体提出支持中国建立世界多极化秩序，反对美国的霸权主义和单边主义的合作模式。这一观点肯定了中国对世界所作的贡献，致力于建立一个多极化世界，体现出中国是一个爱好和平、鼓励合作的国家，也肯定了上海合作组织的原则与目标。

2. 英国媒体对“上海合作组织”的认知

我们从表9-3英国媒体中与“上海合作组织”搭配度较高的实词可以发现，“stories”出现频率较高，上海合作组织从成立初期至今发生的故事受到了较高的关注度。英国媒体肯定了上海合作组织在过去20年来取得的成就(The achievements of the SCO in the past 20 years are inseparable from the efforts of its members in the early days)，上海合作组织各成员国对上海合作组织表示高度的赞扬，各成员国间也逐渐架起了友谊和信任的桥梁(It is very important to build bridges of friendship and trust among the SCO countries)。值得注意的是，2016年的一则报道指出中国是上海合作组织中的重要一员(key members)，对上海合作组织作出了巨大的贡献，肯定了中国在上海合作组织中的作用及影响力。同样地，“regional”与“security”的出现，证明了英国媒体首先对上海合作组织的最基础的认知也是维护地区安全(security)的区域机制(regional mechanism)。除此之外，有报道提到，在上海合作组织成立20周年之际，经过20年的发展，成员国之间的合作涵盖了经济、人文、教育等多个领域，大大促进了区域间的交流与合作(cross-regional communication and collaboration)。英国媒体看到了上海合作组织的发展以及其对中亚地区所作的贡献。

3. 印度媒体对“上海合作组织”的认知

从表9-3印度媒体报道中检索的“上海合作组织”的高频搭配实词可以发现，“India”和“China”与“Shanghai Cooperation Organization”的搭配度较高。上海合作组织成立初期，印度对上海合作组织的兴趣不大，并始终与该组织保持着一定的距离，但同时也一直密切关注着上海合作组织的发展动向。一方面，由于上海合作组织是由中国和俄罗斯两国主导成立的地区性国际组织，并且还是唯一以中国城市命名的国际组织，印度一直担心在中俄两国的主导下，印度在该组织中发挥作用的空间有限；另一方面，印度长期以来与中国存在着领土争端，且一直将中国视为其"天然的竞争对手"(India's manufacturers are not as competitive as those from China and the former fears that her manufacturers will be swamped by those of her northern neighbor. In addition, letting China in would give the latter more political influence in the region than she already has)。除此之外，在印度加入上海合作组织前，印度始终与美国保持亲密关系(India is at best lukewarm to the organization because of her ties to the USA)，因此对上海合作组织比较疏远。面对中国的邀请，他们认为，中国的倡议是积极的(The Chinese grand initiative looks positive)，但也要客观地去判断，慎重面对(weighed carefully)中国的邀请，正如中国早期邀请印度加入亚太经济合作组织那样。虽然这段时期印度与上海合作组织的互动有限，但印度作为观察员国身份参与了上海合作组织的各种活动，为其后来成为正式成员国迈出了重要一步。

随着上海合作组织国际影响力的不断扩大，其合作议题从最初关注安全逐渐拓展到经贸、能源、环境保护、人文交流等多个领域，成为维护地区安全稳定、增进相互信任、深化睦邻友好、促进共同发展、开展人文交流的重要平台，是一个注重多边(multilateral)交流与合作的地区性(regional)组织。印度开始密切关注上海合作组织的发展动态，并着手考量加入上海合作组织的利弊及可能性。2013年，中国成为印度最大的贸易伙伴，这为中印战略经济对话奠定了基础，在随后的几年里将中印双边经济关系(India-China bilateral economic ties)的摩擦降至最低(minimizing frictions)，也为印度加入上海合作组织做好了铺垫。2015年，在上海合作组织峰会上，该组织为印度与巴基斯坦扫清障碍，使得印度与巴基斯坦成功加入上海合作组织，印度媒体对此表示，印度的加入意味着欧亚大陆的主要大国多了一个合作平台与支柱，有利于创建一个反对单极世界秩序的权力中心（This means that the major powers of Eurasia now have one more platform for cooperation and another pillar to create a power centre that is capable of opposing the unipolar world order）。

总而言之，从英、美、印三国媒体对上海合作组织的报道来看，都是经历了从忽视到猜疑再到理性看待上海合作组织的阶段。而美国对上海合作组织带有敌视的意味，他们认为，一方面上海合作组织挑战了美国在国际体系中的地位，另一方面，中国与俄罗斯的合作，以及上海合作组织与金砖国家的合作对美国构成了威胁，尤其是让美国统治中亚的幻想破灭。英国对于上海合作组织的看法总的来说比较理性，不够重视但也不轻视曲解上海合作组织。印度从最初的与上海合作组织保持距离到现在成为上海合作组织的一员，更是从猜疑转变成了支持上海合作组织。上海合作组织成员国维护和加强地区和平、安全与稳定，相互尊重独立、主权和领土完整，互不干涉内政，平等互利的原则，符合印度的国家利益，以及中国与印度不断发展的友好关系，为印度加入上海合作组织奠定了基础。

三、舆论背后的政治与社会文化因素

总的来说，各国媒体对上海合作组织一开始不重视甚至是忽视，到2005年，他们对上海合作组织有了猜疑和敌视，直至2009年，他们对上海合作组织的认识才趋于成熟。

印度作为上海合作组织的一员，对上海合作组织主要持积极态度。

而美国最开始对上海合作组织仅有零星关注，并且大多是在讨论中亚战略时附带提及，对上海合作组织并不重视。美国与一些西方国家对上海合作组织充满了不信任，认为上海合作组织面对成员国的地区危机不作为，并且对上海合作组织要求美国撤军感到猜疑。在中期阶段，美国认为，中国作为上海合作组织的重要一员，在中亚地区的地位和影响力越来越重要，并且导致美国对伊朗等国家的施压受到阻碍，因此，美国对此感到担忧，对上海合作组织更多的是敌视。但其中不乏对上海合作组织持积极态度的媒体，肯定了上海合作组织在中亚地区的影响与作用，认为其不仅加强了各成员国间的联系，维护和加强了地区和平、安全与稳定，打击了恐怖主义，还在经贸、环保、文化、能源等方面都起到了积极作用，促进了地区的发展，提高了成员国的生活水平。

英国对上海合作组织持中立态度，肯定了上海合作组织在中亚地区的作用。但从数据来看，英国从 2010 年到 2021 年报道数量仅 17 篇，可以看出英国还没有非常关注上海合作组织。不过英国对上海合作组织的态度也是从一开始的不关心到后来看到了上海合作组织的发展及其作出的贡献。

上海合作组织自成立以来，一直致力于维护和加强地区和平、安全与稳定，共同打击恐怖主义、分裂主义和极端主义等。而在各国媒体的报道中，也肯定了上海合作组织对各成员国的贡献。

第五节 结 语

本书以批评话语分析理论为框架，对"上海合作组织"英译在英、美、印三国的报道语料展开历时分析，研究其在英、美、印三国的传播与接受。笔者对比考察了英、美、印三国对上海合作组织的报道，分析了英、美、印三国对上海合作组织在不同时期的认知与态度，对比了三个国家对上海合作组织的观点与看法。美国媒体报道总体上以消极、敌视态度为主，认为上海合作组织挑战了美国在国际体系中的地位，对美国构成了威胁。英国媒体对于上海合作组织的看法偏向中立，对上海合作组织不太重视但也不轻视曲解。印度媒体的态度则是从猜疑转变成了支持。由此可见，各国媒体对"上海合作组织"内涵的认知的转变，既体现出了上海合作组织的国际影响力不断提升，也展现出了上海合作组织在中亚地区对各成员国所作的贡献，在维护和平、稳定与发展的道路上有了实质性的进步与飞跃。然而，仍会有媒体对上海合作组织以及中国的看法比较片面，甚至呈现出敌对的态度。鉴于此，我们应当采取各种方式，准确全面地宣传"上海合作组织"及其目标与原则，并且促进各国媒体及民众对中国在上海合作组织发展过程中作出的贡献形成客观理性的认知。

第十章

前景与研究方向

随着中国在国际政治舞台上的地位逐渐提高，对中国政治话语的翻译与传播研究也变得越来越重要。未来，随着全球化的发展以及中国的国际地位的不断提高，中国政治话语的翻译与传播研究将具有广泛的前景和发展空间。

第一节　中国政治话语翻译与传播研究的前景

中国政治话语的翻译与传播研究前景主要表现在以下几个方面。

一、市场需求大

随着全球化和中国的崛起，越来越多的人希望了解和理解中国的政治立场和国际形象，这使得中国政治话语的翻译与传播研究具有较大的市场需求。在中国政治话语的翻译与传播方面，译者扮演着重要的角色，他们需要准确地理解中国政治话语的内涵和背景，然后将其转化为适合不同语境的语言表达。

二、国际影响力大

中国政治话语在国际政治舞台上的影响力越来越大，其对全球政治、经济、文化等方面产生的影响力也逐步扩大。翻译与传播工作是扩大影响力的重要手段之一，通过正确的翻译和传播，中国政治话语可以更好地传递中国的政治立场和国际形象，提高中国在国际话语体系中的地位和影响力。

三、跨学科研究空间大

中国政治话语的翻译与传播涉及语言、文化、政治、经济等多个学科领域，需要跨学科的研究方法和视角。因此，中国政治话语的翻译与传播具有广阔的研究空间，涉及的研究领域也非常丰富，例如语言翻译、文化传播、国际关系、传播学等。

第二节　中国政治话语翻译与传播研究的未来研究方向

随着中国的崛起和国际地位的不断提高，中国政治话语在国际社会中的影响力也日益增强。政治话语翻译与传播研究因此成为一个备受关注的领域，其未来研究方向主要有以下几个方面。

一、政治话语翻译策略研究

政治话语翻译策略研究是政治话语翻译与传播研究中的一个重要方向。翻译者需要考虑如何在语言和文化之间进行转换，以确保政治话语在不同文化背景下的传播效果。政治话语的翻译策略不同于普通文本的翻译，它需要考虑到政治意义、意译、本土化等问题。因此，未来的研究可以从以下几个方面展开：(1)政治话语翻译的意义研究。(2)政治话语的本土化翻译策略研究。(3)政治话语的音译、意译和直译的翻译策略研究。

二、政治话语语料库建设与应用研究

政治话语语料库是政治话语翻译与传播研究的重要基础，对于政治话语的研究、分析和应用具有重要意义。未来的研究可以从以下几个方面展开：(1)政治话语语料库的建设和开发。(2)政治话语语料库的挖掘和分析。(3)政治话语语料库的应用研究。

三、政治话语的文化传播研究

政治话语的翻译与传播离不开文化背景的考虑。政治话语的文化传播研究涉及多个方面，包括政治话语的文化意义、政治话语的文化适应、政治话语的文化障碍等。未来的研究可以从以下几个方面展开：(1)政治话语的文化传播策略研究。(2)政治话语的文化适应性研究。(3)政治话语的文化障碍研究。

四、政治话语的影响力研究

政治话语的影响力是政治话语翻译与传播研究中的一个重要方向，它可以帮助我们更好地理解政治话语在国际社会中的传播效果和影响力。未来的研究可以从以下几个方面展开：(1)政治话语的影响力评估模型研究。(2)政治话语的传播渠道研究。(3)政治话语的接收与反应研究。

五、政治话语的语用分析研究

政治话语的语用分析研究可以帮助我们更好地理解政治话语在语言交际中的使用规则和效果。政治话语的语用分析研究可以从以下几个方面展开：(1)政治话语的语用功能研究。(2)政治话语的语用效果研究。(3)政治话语的语用策略研究。

六、政治话语的社会心理学研究

政治话语的社会心理学研究可以帮助我们更好地理解政治话语在社会心理层面上的影响和效果。未来的研究可以从以下几个方面展开：(1)政治话语的社会认知效应研究。(2)政治话语的社会影响力研究。(3)政治话语的社会接受度研究。

总之，中国政治话语翻译与传播研究的未来研究方向涉及多个学科领域，包括翻译学、语言学、文化学、传播学、社会心理学等。未来的研究需要采用跨学科的研究方法，结合实证研究和理论探讨，深入探究政治话语翻译与传播的机制和规律，为中国政治话语的国际传播提供理论和实践支撑。

参考文献

1. Aldabaeva，A. 金砖五国和上海合作组织背景下的中俄印三方合作[D]. 上海：上海外国语大学，2017.

2. Baker M. Corpus linguistics and translation studies：Implications and applications[M]//M. Baker, G. Francis , & E. Tognini-Bonelli(Ed.). Text and technology：In honour of John Sinclair. Amsterdam/Philadelphia：John Benjamins，1993：233-250.

3. Baker，M. Corpus-based translation studies：The challenges that lie ahead[J]. Terminology，LSP and Translation：Studies in Language Engineering，in Honour of Juan C. Sager. Benjamins Translation Library，1996(18)：175-186.

4. Baker，M. Towards a methodology for investigating the style of a literary translator[J]. Target，2000，12(2)：241-266.

5. Baker，P. Using corpora in discourse analysis [M]. New York：Continuum，2006.

6. Baker，P.，& T. McEnery. A corpus-based approach to discourses of refugees and asylum seekers in UN and newspaper texts[J]. Journal of Language and Politics，2005(2)：199-226.

7. Bassnett，S. Translation studies[M]. 3rd ed. Shanghai：Shanghai Foreign Language Education Press，1980/2004.

8. Bowker，L. Towards a methodology for a corpus-based approach to translation evaluation[J]. Meta，2001，46(2)：345-364.

9. Entman，R. M . Framing：Toward clarification of a fractured paradigm[J]. Journal of Communication，1993，43(4)：51-58.

10. Fairclough，N. Critical discourse analysis：The critical study of language [M]. London/New York：Longman，1995.

11. Fairclough，N . Language and power[M]. London：Longman，1989.

12. Fairclough，N. Analysing discourse：Textual analysis for social research

[M]. London: Routledge, 2003.

13. Fairclough, N. Discourse and social change [M]. Cambridge: Polity Press, 1992.

14. Firth, J R. A synopsis of linguistic theory 1930-1955 in studies in linguistic analysis[J]. Transactions of the Philological Society, 1957.

15. Fowler, R. Critical linguistics[M]. Oxford: Oxford University Press, 1981.

16. Fowler, R. et al. Language and control[M]. London: Routledge and Kegan Paul, 1979.

17. Fowler, R. Language and power[M]. London: Longman, 1989.

18. Harris, Z. Distributional structure[J]. Word, 1954, 10(2-3): 146-162.

19. Hermans, T. Translation in system: Descriptive and system-oriented approaches explained[M]. Manchester: St. Jerome, 1999.

20. Holmes, J. The name and nature of translation studies[J]. Lawrence Venuti (Ed.). The Translation Studies Reader, 1972(20): 172-185.

21. Hu, K., & Li, X, Corpus-based critical translation studies: Research areas and approaches[J]. Meta, 2018, 63 (3): 583-603.

22. Laviosa, S. Corpus-based translation studies: Where does it come from? Where is it going? [J]. Language Matters, 2004, 35(1): 6-27.

23. Laviosa, S. The corpus-based approach: A new paradigm in translation studies [J]. Meta, 1998, 43(4): 474-479.

24. Laviosa, S. Corpus-based translation studies: Theory, findings, applications [M]. Amsterdam: Rodopi, 2002.

25. Laviosa, S. The English comparable corpus (ECC): A resource and a methodology for the empirical study of translation [D]. Manchester: University of Manchester, 1996.

26. McFarlane, John. Modes of translation[J]. The Durham University Journal, 1953, 45(3): 77-93.

27. Newmark, P. About translation[M]. Bristol: Multilingual Matters, 1991.

28. Olohan, M. How frequent are the contractions? A study of contracted forms in the translational English corpus[J]. Target, 2003, 15(1): 59-89.

29. Olohan, M. Spelling out the optionals in translation: A corpus study[J]. UCREL Technical Papers, 2001(13): 423-432.

30. Olohan, M., & M. Baker. Reporting that in translated English: Evidence for subliminal processes of explicitation? [J]. Across Languages and Cultures, 2000, 1(2): 141-158.

31. Snell-Hornby, M. Translation studies: An integrated approach[M]. Amsterdam/ Philadelphia: John Benjamins Publishing, 1988.

32. Stubbs, M. Text and corpus analysis: Computer-assisted studies of language and culture [M]. Oxford: Blackwell, 1996.

33. Toury, G. Descriptive translation studies and beyond [M]. Amsterdam/ Philadelphia: John Benjamins, 1995.

34. van Dijk, T. A. Discourse analysis as ideology analysis[M]//C. Schäffner, & A. Wenden (Eds.). Language and peace. New York, NY: Routledge, 2005.

35. van Dijk, T. Ideology: A multidisciplinary approach [M]. London: Sage, 1998.

36. Wodak, Ruth. Language, power and ideology[M]. Amsterdam/Philadelphia: John Benjamins, 1998.

37. Wodak, R. What CDA is about—a summary of its history, important concepts and its developments[J]. Methods of Critical Discourse Analysis, 2001 (3): 41-52.

38. 陈保红，栗瑞铎，刘璐. 美国汉学家当代文学译介变迁与中国形象建构探析[J]. 上海翻译，2023(5): 89-94.

39. 陈建生，曹瑜，张瑞华. 批评性话语分析研究综述[J]. 湖北广播电视大学学报，2017(1)：48-52.

40. 陈亦琳，李艳玲．构建融通中外的新概念、新范畴、新表述——中国政治话语传播研讨会综述[J]. 红旗文稿，2014(1)：27-29.

41. 程恩富，刘伟．社会主义共同富裕的理论解读与实践剖析[C]//中国社会科学院马克思主义研究院．马克思主义政治学研究(第2辑·2012). 北京：中国社会科学出版社，2014：569-579.

42. 程瑾涛．美国主流媒体中的中国国家形象——基于《纽约时报》的涉华舆情研究[J]. 情报杂志，2021，40(11)：80-86，146.

43. 程镇球．政治文章的翻译要讲政治[J]. 中国翻译，2003(3)：18-22.

44. 仇园园．参与式传播视角下中国国家形象的国际传播[J]. 中国出版，2021(20)：45-49.

45. 翟石磊．话语认同与话语协调：论政治话语翻译中的国家意识[J]. 学术探索，2017(5)：28-34.

46. 丁和根．大众传媒话语分析的理论、对象与方法[J]. 新闻与传播研究，2004(1)：37-42.

47. 丁建新，廖益清．批评话语分析述评[J]. 当代语言学，2001(4)：305-310.

48. 董晓菲．中国特色政治词汇的翻译：以《2019年政府工作报告》为中心[J]. 海外英语，2021(5)：143-144.

49. 董政男，王祝福．近十年来全面建成小康社会研究综述[J]. 西安建筑科技大学学报，2022(1)：11-20.

50. 窦卫霖．如何提高中国时政话语对外传译效果——基于认知心理学角度[J]. 探索与争鸣，2016(8)：127-130.

51. 窦卫霖．政治话语对外翻译传播策略研究——以“中国关键词”英译为例[J]. 中国翻译，2016(3)：106-112.

52. 杜丽娟，张健．中国政治话语翻译的“译有所为”[J]. 江西师范大学学报(哲学社会科学版)，2019，52(5)：133-139.

53. 范红．新闻话语的编码和霸权的形成[J]．现代传播，2004(2)：38-40.
54. 冯雪红．论中国政治术语英译再创建的三个维度[J]．上海翻译，2014(1)：4.
55. 干青．对外传播语境下云南面向周边国家外宣翻译研究[D]．上海：上海外国语大学，2016.
56. 葛洪亮．东南亚：21世纪“海上丝绸之路”的枢纽[M]．广州：广州世界图书出版社，2017.
57. 郭庆光．传播学教程[M]．北京：中国人民大学出版社，2011.
58. 胡开宝．语料库批评译学：翻译研究新领域[J]．中国外语，2017，14(6)：1，11-12.
59. 胡开宝，陈超婧．中国特色大国外交术语英译在英、美、印等国的传播与接受研究——以“一带一路”英译为例[J]．外语电化教学，2018(2)：43-50.
60. 胡开宝，韩洋．“中国特色社会主义”英译在英、美、印等国的传播与接受[J]．外语教学，2020(4)：81-91.
61. 胡开宝，李涛，孟令子．语料库批评翻译学概论[M]．北京：高等教育出版社，2018.
62. 胡开宝，李晓倩．语料库批评译学：内涵与意义[J]．中国外语，2015(1)：90-100.
63. 胡开宝，李鑫．基于语料库的翻译与中国形象研究：内涵与意义[J]．外语研究，2017，34(4)：70-75，112.
64. 胡开宝，孟令子．语料库批评翻译学[M]．北京：高等教育出版社，2018.
65. 胡开宝，盛丹丹．基于语料库的文学翻译批评研究：内涵、意义与未来[J]．外语电化教学，2020(5)：3，19-24.
66. 胡开宝，张晨夏．基于语料库的“中国梦”英译在英美等国的传播与接受研究[J]．外语教学理论与实践，2019(1)：89-97.

67. 胡开宝，朱一凡．基于语料库的莎剧《哈姆雷特》汉译文本中“把”字句应用及其动因研究[J]. 外语学刊，2009(1)：111-115.
68. 胡开宝，张晨夏．中国当代外交话语核心概念对外传播的现状、问题与策略[J]. 浙江大学学报(人文社会科学版)，2021，51(5)：99-109.
69. 黄海昕，张豫．基于语料库的中西方主流媒体关于中国减贫脱贫报道的批评话语分析[J]. 南京开放大学学报，2022(1)：65-72.
70. 黄会林，杨卓凡，高鸿鹏，张伟．中国电影的国际传播渠道及其对国家形象建构的作用——2014 年度“中国电影国际传播”系列调研报告之一[J]. 现代传播(中国传媒大学学报). 2015，37(2)：13-24.
71. 黄蔷．美国主流媒体对中国形象的话语偏见——以“新冠疫情”报道为例[J]. 外国语文，2021，37(4)：85-96.
72. 黄蔷．中国政治术语的语言特征及英译策略研究[J]. 重庆理工大学学报(社会科学)，2017(3)：119-124.
73. 黄婷．近年来国内对外政治话语研究的议题回顾与前景展望[J]. 贵州社会科学，2021(9)：45-51.
74. 黄卫红，倪建平．国家形象塑造和中国对非政策：和谐文化传播的视角[J]. 毛泽东邓小平理论研究，2007(11)：60-64，85.
75. 黄友义，黄长奇，丁洁．重视党政文献对外翻译，加强对外话语体系建设[J]. 中国翻译，2014(3)：5-7.
76. 黄友义．坚持“外宣三贴近”原则，处理好外宣翻译中的难点问题[J]. 中国翻译，2004(6)：27-28.
77. 贾卉．意识形态与美国《新闻周刊》涉华词语的翻译[J]. 上海翻译，2008(2)：27-31.
78. 姜文斌，傅才武．历史文化交流在建构国家形象中地位与作用的实证研究——基于蒙特利尔“秦兵马俑展”观众问卷的分析[J]. 福建论坛(人文社会科学版)，2012(4)：109-115.
79. 焦占广．和谐外交理念与中国国家形象的构建[J]. 思想理论教育导刊，

2008(3)：71-74.

80. 荆学民，李海涛．论中国特色政治传播中的政治话语[J]．青海社会科学，2014(1)：1-7，206.

81. 兰东秀．基于翻译适应选择视角下政治术语翻译分析[J]．哈尔滨学院学报，2017，38(1)：126-129.

82. 李格琴．大国成长与中国的国家形象塑造[J]．现代国际关系，2008(10)：41-46，54.

83. 李涛．中国对东南亚国家来华留学生的公共外交刍议[J]．云南社会科学，2013(5)：29-33.

84. 李欣蓓．国际传播视域下中国国家形象自媒体呈现[J]．青年记者，2019(12)：15-16.

85. 李学军．提升术语翻译质量服务对外话语体系[J]．外语研究，2017(2)：80-87.

86. 李莹莹．上海合作组织20年：成就和经验[M]．北京：世界知识出版社，2021.

87. 李震宁，矫雨航，姜龙范．"一带一路"视域下韩国媒体关于中国国家形象之建构与演变——以韩国广播公司(KBS)相关报道为例[J]．东疆学刊，2021，38(3)：16-25.

88. 梁洁，孙志祥．国家形象传播视阈下中国特色政治话语翻译[J]．海外英语，2019(5)：139，161.

89. 廖益清．批评话语分析综述[J]．集美大学学报，2000(1)：76-82.

90. 廖志勤，文军．汉语新词新语的文化透视及其英译原则研究[J]．四川外语学院学报，2008(5)：99-102.

91. 林蔚，潘洁．基于语料库的批评性话语分析——以西方媒体对"一带一路"新闻报道为例[J]．现代交际，2019(1)：98-99.

92. 林晓云．地方广播如何对外讲好中国故事——以福州广播电视台左海之声对侨传播的实践为例[J]．传媒，2022(9)：56-58.

93. 刘鼎甲．基于语料库的多方话语历时对比研究[J]. 外语教学，2022(1)：17-22.

94. 刘宏，李明徽．国内政治话语翻译研究文献计量分析：问题、热点与趋势(2000—2021)[J]. 外语与外语教学，2022(4)：1-11，65，145.

95. 刘明．新闻话语表征的形式、功能和意识形态[J]. 现代外语，2014(3)：340.

96. 刘润泽，魏向清．“中国梦”英译研究再思考——兼论政治术语翻译的概念史研究方法[J]. 中国外语，2015，12(6)：99-106.

97. 刘润泽，魏向清．政治话语跨文化传播中的“术语滤网”效应与术语翻译策略反思[J]. 中国外语，2019(1)：79-88.

98. 刘小燕．关于传媒塑造国家形象的思考[J]. 国际新闻界，2002(2)：61-66.

99. 罗圣荣，赵祺．美国“印太战略”对中国—东盟共建“21 世纪海上丝绸之路”的挑战与应对[J]. 和平与发展，2021(3)：115-134，138.

100. 马慎萧，张建堡．全面建成小康社会的政治经济学研究[J]. 政治经济学评论，2022(2)：88-109.

101. 莫竞．外宣翻译视域下中国特色政治词句英译研究[J]. 哈尔滨学院学报，2020，41(4)：91-93.

102. 钱毓芳．语料库与批判话语分析[J]. 外语教学与研究，2021，42(31)：198-202，241.

103. 邱大平．论政治话语外宣翻译取向的二元统一[J]. 中南大学学报(社会科学版)，2018，24(6)：205-212.

104. 裘援平．中国的和平发展与公共外交[J]. 国际问题研究，2010(6)：1-3，70-71.

105. 邵斌，回志明．西方媒体视野里的“中国梦”——一项基于语料库的批评话语分析[J]. 外语研究，2014(6)：28-33.

106. 沈国麟．“冲突、自卫、维护和平”的二次传播——从日本政府“购买”

钓鱼岛风波看我国对外传播话语结构的“二次传播”效果[J]. 社会科学，2015(8)：177-184.

107. 沈正赋．中国国家形象国际传播的逻辑建构与策略优化[J]. 南京社会科学，2023(2)：96-106.

108. 师新民，梁瑛洁．国家形象视域下的中国特色时政术语翻译研究[J]. 文教资料，2021(15)：30-33.

109. 宋海洋．“印太”概念视野下的印度对中国“海上丝绸之路”的认知及应对[J]. 延边大学学报(社会科学版)，2022，55(2)：63-72，146-147.

110. 宋庆伟. 基于语料库的莫言小说英译本中国话语建构研究[J]. 浙江大学学报(人文社会科学版)，2019，49(5)：167-179.

111. 孙泽学，常清煜．新中国成立初期和平共处外交与国家形象的塑造[J]. 当代中国史研究，2021，28(6)：85-100，159.

112. 汤素娜．助力中国政治话语国际传播的多模态翻译方法探析[J]. 黑龙江教育学院学报，2019，38(12)：119-121.

113. 唐革亮，曲英梅．党政文献翻译中名词化翻译转移策略研究[J]. 中国翻译，2022，43(1)：158-165，189.

114. 唐小茹．略论奥运报道与国家形象建构[J]. 新闻知识，2008(9)：17-19.

115. 田绪军，李晓倩．基于语料库的中国外交话语主题词演变研究[J]. 中国外语，2020(2)：16-25.

116. 万丽萍．关于中国政治话语传播的几点思考[C]//中国传媒大学第五届全国新闻学与传播学博士生学术研讨会论文集，2011：352-356.

117. 万石建．顺应理论观照下的政治术语翻译[J]. 上海理工大学学报(社会科学版)，2019，41(1)：17-22.

118. 王晨星．美国对上海合作组织的最新认知及原因[J]. 俄罗斯学刊，2018，8(6)：22-38.

119. 王晨燕．网络对外传播的策略：网上重塑中国国家形象[J]. 现代传播

（中国传媒大学学报），2007(5)：166-168.
120. 王显志，赵海成．基于批评话语分析视角对新闻标题的研究综述[J]. 文化学刊，2019(10)：196-198.
121. 王晓晖．加强国际传播能力建设，精心构建对外话语体系[J]. 马克思主义与现实，2014(4)：1-3.
122. 王晓莉，胡开宝．外交术语“新型大国关系”英译在英美的传播与接受研究[J]. 上海翻译，2021(1)：89-94.
123. 谢莉，王银泉．中国国际形象建构视域下的政治话语翻译研究[J]. 外语教学，2018(5)：7-11.
124. 辛斌．语言、权力与意识形态：批评语言学[J]. 现代外语，1996(1)：59.
125. 徐小鸽．国际新闻传播中的国家形象问题[J]. 新闻与传播研究，1996(2).
126. 徐鹰，武建国．批评性话语分析[J]. 华南理工大学学报，2013(1)：85-90.
127. 许华．从“冷眼”到“热盼”——俄罗斯政治精英眼中的中国形象与俄中关系[J]. 国外社会科学，2015(1)：36-48.
128. 杨枫．国家翻译能力建构的国家意识与国家传播[J]. 中国翻译，2021(4)：15-19.
129. 杨静．意识形态：新闻话语背后无形的手——中美2007“两会”报道解读[J]. 襄樊学院学报，2008(6)：54.
130. 杨琳．隐喻塑造国家形象的可行性及方式设计——以纪录片《长城，中国故事》为例[J]. 湖南大众传媒职业技术学院学报，2017，17(4)：16-19，24.
131. 杨明星．论外交语言翻译的“政治等效”——以邓小平外交理念“韬光养晦”的译法为例[J]. 解放军外国语学院学报，2008(5)：90-94.
132. 杨明星．中国外交新词对外翻译的原则与策略[J]. 中国翻译，2014，

35(3)：103-107.

133. 杨巧燕．话语视角下的中国国家形象探析——以《纽约时报》为例[J]．世界经济与政治论坛，2020(5)：30-56.

134. 杨婷婷．语料库在批评话语分析研究中应用的文献综述[J]．青春岁月，2018(1)：43.

135. 杨威．新时代推进海洋命运共同体理念对外传播的内在逻辑与实践路径[J]．湖湘论坛，2022，35(6)：12-19.

136. 杨璇．从美国影视剧对华人形象的定势看中国国家形象的建构[J]．新闻研究导刊，2015，6(16)：7-8.

137. 杨雪冬．十八大以来若干重要政治术语的翻译与传播刍论[J]．对外传播，2016(3)：13-15.

138. 姚旭．跨界融合，全面提升中国传媒的国际传播力[J]．阴山学刊，2011，24(5)：117-120.

139. 于红．基于语料库的政府公文翻译"简化"趋势考察——以白皮书《2010年中国的国防》英译文为例[J]．外语研究，2016，33(3)：79-86.

140. 袁晓宁．论外宣英译策略的二元共存[J]．中国翻译，2013，34(1)：93-97.

141. 曾祥敏，方笑．中国形象塑造与对外传播话语构建——北京冬奥会融合传播探析[J]．传媒，2022(11)：58-61.

142. 张健．全球化语境下的外宣翻译"变通"策略刍议[J]．外国语言文学，2013，30(1)：19-27，43，72.

143. 张峻峰．刍议"含蓄"外交话语的翻译[J]．外国语文研究，2015，1(6)：29-36.

144. 张文佳．批评话语分析与新闻语篇的综述研究[J]．北方文学，2020(35)：153-154.

145. 张艳．纽马克理论视角下政治演说辞的翻译原则探讨——以《奥巴马胜选演说辞》为例[J]. 中北大学学报(社会科学版)，2010，26(3)：73-76.

146. 赵祥云，赵朝永. 中国特色政治话语英译中的译者决策及其主体意识研究[J]. 外语教学理论与实践，2022(4)：11-21.

147. 郑萍. 后疫情时代中国国家形象传播问题及对策探讨——基于传播治理的视角[J]. 中国行政管理，2022(11)：155-157.

148. 周明伟. 构建中国特色社会主义对外传播理论体系[J]. 对外传播，2014(9)：12-13，1.

149. 朱晓敏，曾国秀. 现代汉语政治文本的隐喻模式及其翻译策略——一项基于汉英政治文本平行语料库的研究[J]. 解放军外国语学院学报，2013(5)：82-86，128.